TORTEN UND SÜSS-SPEISEN

ZUM GENIESSEN

MOEWIG

Wenn nicht anders angegeben, sind die Rezepte für vier Personen berechnet. Die Anzahl der Sternchen über der Zutatenliste zeigt die Zubereitungszeit für das jeweilige Gericht an: Jedes Sternchen steht für 30 Minuten. Die mit * gekennzeichneten Rezepte sind abgebildet.
Mengenangaben: 1 Glas = 150 – 200 ml;
1 Eßlöffel (EL) = 25 ml; 1 Teelöffel (TL) = 5 ml.

Aus dem Italienischen von Cordula Kramer

Umschlagentwurf und -gestaltung: Giangi Corsi/Jürgen Schultz
Auslieferung in Österreich:
Pressegroßvertrieb Salzburg Gesellschaft m. b. H.,
Niederalm 300, A-5081 Anif
Printed in Italy 1990
Gesamtherstellung: Mondadori, Verona
ISBN 3-8118-8373-9

Einleitung

In einer Zeit, in der die Süßwarenindustrie die Kunden mit immer raffinierteren Köstlichkeiten anspricht, erscheint ein Kochbuch für eher einfache Torten und Kuchen fast als überflüssig, z.B. Torten, mit Puderzucker bestreut oder mit kandierten Früchten garniert. Doch gerade dieser Widerspruch zeigt die Rückkehr zum Selbstgemachten in unserer Zeit. Die hier gesammelten Rezepte sind einfach und leicht nachzumachen, denn es sind klassische Rezepte aus aller Welt.

Wenn eine Mutter anfängt, ihre Tochter in der Kunst des Kochens zu unterrichten, beginnt sie meist mit einem Kuchen. Das ist hier berücksichtigt, und viele Rezepte sind auf die jüngsten Genießer abgestimmt.

Eines ist allen Rezepten gemeinsam: Die beschriebenen Leckereien haben notwendigerweise etliche Kalorien, denn ohne Zucker und Sahne, ohne Schokolade oder Likör lassen sich die süßen Verführer eben nicht herstellen. Doch andererseits zählen sie ja nicht zu den täglichen Mahlzeiten, sondern bilden Ausnahmen von der Hausmannskost. Und einmal in der Woche oder im Monat kann es sich wohl jeder erlauben, eine Kaloriensünde zu begehen.

1 *Mörser und Mörserkeule:* Im Mörser werden Zutaten zu feinem oder grobem Pulver zerstoßen oder getrocknete Früchte (nachdem sie geröstet wurden) grobkörnig zerkleinert. Oft wird zum Zerstoßen Zucker zugegeben. Heute wird der Mörser meist durch maschinelle Küchengeräte ersetzt.

2 *Kuchenform mit mittelhohem Rand:* Es gibt sie in verschiedenen Größen. Sie wird zum Backen vieler verschiedener Torten benutzt.

3 *Kupferkasserolle:* Kasserolle mit einem Griff (es gibt sie auch mit zwei Griffen), aus Kupfer ohne Bleizumischung, mit schwerem Boden. Sie wird zum Zubereiten von Cremes, zum Kochen von Zucker und zum Schmelzen von Schokolade verwendet.

4 *Kleine Form mit glatter Innenwand und hohem Rand,* z. B. für Crème Caramel.

5 *Kastenform mit welligem Rand:* für Eis, gefrorene Cassata, Halbgefrorenes etc. Die wellige Form vereinfacht das Einteilen in Portionen.

6 *Pinsel:* Es gibt sie in verschiedenen Größen. Man braucht sie, um Kuchen oder Torten mit Alkohol zu tränken oder mit geschmolzener Butter und verquirltem Eigelb zu bestreichen, damit die Oberfläche goldgelb wird.

7 *Schneebesen:* Man braucht ihn, um Zutaten zu vermischen und um Eiweiß, Sahne oder Cremes steif zu schlagen.

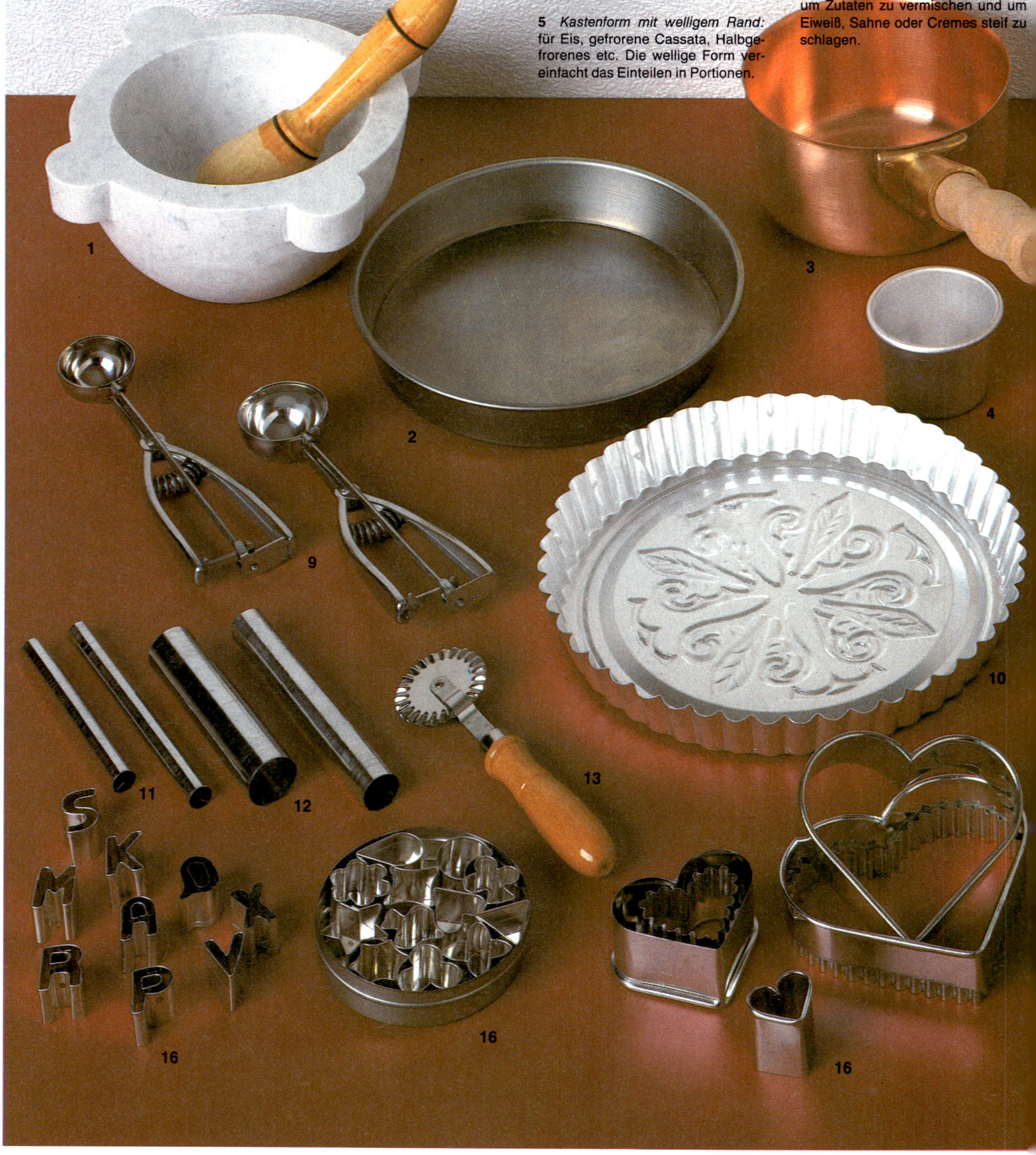

8 *Springform:* Für besonders empfindliche Kuchen und Torten, die in einer anderen Form nicht gelingen könnten.

9 *Eisportionierer:* Sie werden benutzt, um gleichmäßige Portionen Eis zu verteilen oder um z.B. Melonen auszuhöhlen und Obstkugeln herzustellen.

10 *Kuchenform mit dekorativem Rand oder Boden:* für Mürbeteigböden oder einige Pasteten. Sie haben immer einen niedrigen Rand.

11 und 12 *Röhrchen:* um röhrenförmiges Gebäck herzustellen.

13 *Gezahnter Teigschneider:* um Kuchenteige zu schneiden und zu garnieren.

14 *Spritzbeutel mit verschiedenen Tüllen:* entweder wird er mit Sahne oder Creme, auch einem Zuckerguß oder Karamel gefüllt, um Torten mit verschiedenen Mustern zu garnieren. Oder man füllt ihn mit Kuchenteig und spritzt Gebäck direkt auf ein Blech (Spritzgebäck).

15 *Feuerfeste Formen* (sie können auch aus Glas sein): für Soufflés, Aufläufe, Charlotten, Halbgefrorenes oder anderes.

16 *Ausstechförmchen in verschiedenen Mustern und Größen:* für verschiedene Arten von Plätzchen und Gebäck.

EISBISKUIT*

★ ★ ★ ★ ★

1 l Sahne
100 g Puderzucker
80 g geröstete und gemahlene Mandeln
80 g geröstete und gemahlene Haselnüsse
30 g zerkleinerte kandierte Früchte und 1 Belegkirsche
150 g geriebene Blockschokolade
1 Gläschen Cognac oder Brandy
1 Gläschen Rum
1 Gläschen Kirschwasser
1 Biskuitboden (dreiteilig)
Kakao und Puderzucker zum Garnieren

In einem großen Gefäß Sahne steif schlagen. Zukker langsam einrieseln lassen. Mandeln, Haselnüsse, kandierte Früchte und Schokolade unterheben. Cognac, Rum und Kirschwasser vermischen und auf zwei Biskuitböden geben. Eine Kuppelform mit dem Biskuit auskleiden. Sahnemischung in die Mitte geben, die Oberfläche mit dem dritten Biskuitboden bedecken, der trocken oder nur wenig befeuchtet sein sollte. Für mindestens 2 Stunden in den Kühlschrank stellen. Eisbiskuit auf eine Kuchenplatte stürzen. Abwechselnd mit einer Schicht Kakao und Puderzucker bedecken.

GELEESPEISEN

★

12 Blatt Gelatine
200 ml Wasser
50 g Puderzucker
2 Gläser sehr starker Kaffee (oder Espresso)
1/4 l Rotwein
50 g heller Honig
1 Prise Zimt

Zum Garnieren:
Sahne

Gelatineblätter in 100 ml Wasser legen. Zucker im restlichen Wasser bei schwacher Hitze langsam auflösen. Vom Herd nehmen und eingeweichte Gelatine zugeben. Zu einer gleichmäßigen Masse verrühren und durch ein Haarsieb streichen. Die Hälfte der Flüssigkeit in ein Gefäß geben. Kaffee untermischen. In Gläser füllen und erstarren lassen. Rotwein mit Honig und Zimt aufkochen und etwas einkochen lassen. Restliche Gelatineflüssigkeit in ein Gefäß geben und mit 3/4 der Weinsauce vermischen. In kleine Förmchen füllen und erstarren lassen. Vor dem Servieren Weingelee in Dessertschüsselchen stürzen und mit der restlichen Weinsauce übergießen. Kaffeegelee mit Sahne garnieren.

* *

180 g Zucker
7 Eigelb
3 Eiweiß
1/2 l frische Milch
1/2 TL Naturvanille

Crème caramel*

Für den Karamel in einer Kasserolle 60 g Zucker schmelzen, bis er goldgelb ist. Dabei ständig mit einem Holzlöffel umrühren. Vom Herd nehmen und sofort in kleine Förmchen mit glattem Rand füllen. In einem Gefäß restlichen Zucker mit Eigelb zu einer glatten Creme verrühren. Eiweiß sehr steif schlagen und unter die Zuckermasse heben. Milch mit Vanille zum Kochen bringen und mit der Ei-Zucker-Masse verrühren. Die mit Karamel ausgegossenen Förmchen auf ein Backblech mit hohem Rand geben und das Blech bis zur halben Höhe der Förmchen mit heißem Wasser füllen. Creme-Masse durch ein Sieb in die Förmchen geben und im vorgeheizten Ofen (170 Grad) stocken lassen.

MONTBLANC*

Maronen schälen und häuten. In der Milch weichkochen, noch heiß durch ein Sieb streichen und in eine Schüssel geben. Zucker und Vanillinzukker (oder Rum) unterrühren. Masse in ein Sieb geben und in dicken Tropfen kuppelförmig auf eine Servierplatte fallen lassen. Sahne steif schlagen, mit Puderzucker süßen und auf die Maronenkuppel geben. Mit Schokoladenstreuseln und Belegkirschen garnieren.

★ ★

900 g Maronen
1 1/2 l Milch
300 g Puderzucker
1 Päckchen Vanillinzucker
(oder 2 EL Rum)
1/2 l Sahne

Zum Garnieren:
Schokoladenstreusel
Belegkirschen

Biskuitrolle mit glasierten Maronen*

* *

60 g Zucker
50 g Butter
80 ml Milch
70 g Mehl
Vanillearoma
1 Ei
4 Eigelb
4 Eiweiß
200 ml Sahne
15 g Puderzucker
5 glasierte Maronen in Stückchen
50 ml Rum
50 ml Wasser

Backblech mit gefettetem Pergamentpapier belegen. Zucker und Butter bei schwacher Hitze zergehen lassen. Unter Rühren die Hälfte der Milch zugeben. Einige Minuten kochen. Mehl und Vanille untermischen. Unter Rühren kochen, bis der Teig eindickt und nicht mehr klebt. Vom Herd nehmen. Abkühlen lassen. Ei und Eigelb einzeln unterziehen. Restliche Milch unterrühren. Teig durch ein Sieb in ein Gefäß geben, mit Küchenfolie bedecken und einige Minuten kühl stellen. Eiweiß zu sehr festem Schnee schlagen und unterheben. Teig aufs Backblech streichen und in ca. 30 Min. bei 170 Grad goldgelb backen. Abkühlen lassen. Papier abziehen. Sahne mit Zucker und Vanille steifschlagen und auf den Teig streichen. Glasierte Maronen daraufgeben. Zu einer Rolle formen und in Pergamentpapier wickeln. Kühl stellen. Vor dem Servieren mit einer Rum-Wasser-Mischung bepinseln.

REISPUDDING

★ ★ ★

1 Tasse Reis
3 1/2 Tassen Milch
1 Prise Zimt
Abgeriebene Schale einer unbehandelten Zitrone
1 Tasse Zucker
4 Eier
100 g Butter
4 Pfirsiche
1 Gläschen Vin Santo (süßer Dessertwein)

Reis in kochendem Wasser 5 Minuten vorgaren. Abtropfen lassen, mit Milch, Zimt, abgeriebener Zitronenschale und der Häfte des Zuckers in eine Kasserolle geben und kochen, bis der Reis alle Flüssigkeit aufgesogen hat. Häufig rühren. Vom Herd nehmen, Eigelb und Butter unterrühren. Abkühlen lassen. Eiweiß zu Schnee schlagen und unterheben. Eine Form mit Butter einstreichen und die Reismasse hineinpressen. Im Ofen im Wasserbad etwa 45 Minuten garen, dann weiter 15 Minuten ohne Wasserbad. In der Zwischenzeit die Pfirsiche schälen und in Stücke schneiden. Mit dem restlichen Zucker kochen und durch ein Sieb streichen. Süßen Dessertwein untermischen. Pudding auf eine Platte stürzen und mit der Fruchtsauce übergießen.

TIRAMISÙ

★ ★ ★ ★ ★

2 Eigelb
2 EL Zucker
3 EL plus 1 Glas Marsala (oder süßer Dessertwein)
200 g Mascarpone
1 Glas sehr starker Kaffee oder Espresso
100 g Löffelbiskuits
1/4 l Sahne

Eigelb und Zucker mit einem Schneebesen zu einer weißen Creme verrühren. 3 EL Marsala nach und nach einrühren und im Wasserbad unter ständigem Rühren etwas einkochen lassen. Abkühlen lassen. Mascarpone mit Kaffee verrühren. Löffelbiskuits mit restlichem Marsala tränken. Sahne steif schlagen. Den Boden einer Form mit Löffelbiskuits auslegen. Die Hälfte des Mascarpone, dann der Creme und schließlich der Schlagsahne daraufgeben. Eine zweite Schicht folgen lassen. In den Kühlschrank geben.

MOUSSE AU CHOCOLAT

★ ★ ★ ★ ★

150 g Bitterschokolade
50 g Butter
2 Eier
1 Prise Salz
1/2 l Sahne
4 EL Zucker

Schokolade mit der Butter im Wasserbad auflösen. Eiweiß mit Salz zu sehr festem Schnee schlagen. Sahne steif schlagen. Eigelb mit Zucker schaumig rühren. Geschmolzene Schokolade und Eischnee untermischen. Die Sahne unterheben. Creme auf vier Dessertschalen verteilen und 2 Stunden in den Kühlschrank stellen.

Sahnebecher mit glasierten Maronen

★

Knapp 1/2 l kalte Sahne
80 g Puderzucker
220 g glasierte Maronen
60 g Schokoladenstreusel
60 g Pistazienstreusel

Sahne steif schlagen und mit dem Puderzucker süßen. Einen Teil der Maronen zerkleinern und die Stückchen in eine Dessertschale geben. Mit Sahne bedecken. Mit einer ganzen Marone, Schokoladen- und Pistazienstreuseln garnieren. Die restliche Sahne dazu servieren.

Cassata Siciliana*

★ ★ ★ ★ ★ ★ ★

600 g Ricotta (ersatzweise gut ausgedrückter Quark)
450 g Zucker
1 Prise Zimt (oder etwas Orangenblütenwasser)
120 g Blockschokolade, in kleine Stückchen zerteilt
350 g kandierte Früchte
40 g geschälte Pistazien (oder Pinienkerne)
1 Glas Maraschino
1 Biskuitboden (dreiteilig)
1 Glas Wasser
Saft einer halben Zitrone

Ricotta in einer Schüssel glattrühren. 300 g Zukker mit etwas Wasser in eine Kasserolle geben und flüssig werden lassen. Bevor der Zucker gelb wird, unter die Quarkmasse rühren. Mit Zimt aromatisieren und gut verrühren. Schokoladenstückchen, 150 g kleingeschnittene kandierte Früchte, zerkleinerte Pistazien und die Hälfte des Maraschino untermischen. Eine runde Kuchenform mit hohem Rand (26 cm Durchmesser) mit Biskuit auslegen. Quarkcreme auf dem Boden verteilen und mit einem weiteren Biskuitboden bedecken. Für mindestens 3 Stunden in den Kühlschrank geben. Torte auf ein Stück Papier stürzen. In einer kleinen Kasserolle 150 g Zucker mit Wasser und Zitronensaft unter Rühren zum Kochen bringen. Sobald der Zucker Fäden zieht, auf die Torte geben und die Oberfläche gleichmäßig mit dem Zuckerguß bestreichen. Dazu ein Messer mit einer breiten Klinge in kaltes Wasser tauchen. Sobald der Zuckerguß kalt ist, die Torte auf eine Kuchenplatte geben und mit den restlichen kandierten Früchten verzieren. Der Zuckerguß kann auch durch Puderzucker, den man auf die Torte stäubt, ersetzt werden. Die Cassata Siciliana sollte sofort serviert werden.

Pudding „Arianne"

★ ★

Gut 1/4 l Milch
1 Vanillestange
2 Eier
60 g Zucker
1 Biskuitboden (ca. 100 g)
200 g kandierte Früchte
1 Gläschen Rum
80 g Sultaninen
Zabaione von 2 Eiern
1 ganze kandierte Frucht

Die Zabaione:
Eigelb in einer Schüssel mit 20 g Zucker und 1 Prise Salz schaumig rühren. 1 Gläschen Marsala (oder süßen Dessertwein) nach und nach einrühren. Im heißen, aber nicht kochenden Wasserbad rühren, bis eine bräunliche Creme entsteht.

Milch mit der Vanillestange kochen. Eier mit Zukker cremig rühren und die heiße Milch daraufgeben. Eine Puddingform einfetten und mit Zucker ausstreuen. Biskuitboden, kandierte Früchte und in Rum eingeweichte Sultaninen in Schichten abwechselnd in die Form geben. Form bis kurz unter den Rand füllen, mit Eiercreme auffüllen. Puddingform ins heiße, aber nicht kochende Wasserbad geben und Creme stocken lassen. Puddingform herausnehmen und abkühlen lassen. Pudding auf eine Platte stürzen. Zabaione zubereiten, abkühlen lassen und über den Pudding gießen. Mit der kandierten Frucht garnieren.

Maronenstamm*

★ ★ ★ ★ ★ ★ ★

1 kg Maronen
600 ml Milch
1 TL Salz
1 Tütchen Safran
150 g Zucker
1 nußgroßes Stück Butter
10 g geriebene Blockschokolade
Vanillearoma oder Naturvanille
1 Eigelb
100 ml Rum, Cognac oder Brandy
100 g Löffelbiskuits

Zum Garnieren:
Geriebene Blockschokolade
Einige Maronen mit Schokoladenbezug

Schalen der Maronen einschneiden. Die Maronen etwa 5 Minuten bei starker Hitze in eine Bratpfanne geben. Die Pfanne ständig schütteln. Maronen schälen und die Haut entfernen. Anschließend in der Milch bei schwacher Hitze in etwa 45 Minuten garen. Falls nötig, weitere kochende Milch zugeben. Maronen abtropfen lassen und pürieren. Salz und Safran untermischen (der Safran verhindert, daß die Kastanien dunkel werden und ihren Geschmack verlieren). Zucker (am besten Puderzucker), Butter, geriebene Schokolade, Vanille, Eigelb und einige EL Alkohol nach und nach untermischen. Nochmals pürieren oder durch ein grobmaschiges Sieb streichen. 3/4 der Masse in eine rechteckige gewellte Form geben. Eine Vertiefung formen und diese mit den Löffelbiskuits, die mit Alkohol beträufelt wurden, füllen. Mit der restlichen Creme bedecken und für einige Stunden in den Kühlschrank geben. Kurz vor dem Servieren mit Schokoladenraspeln und Maronen mit Schokoladenbezug garnieren. Man kann den Kuchen auch mit geschmolzener Schokolade, kandierten Früchten, gerösteten getrockneten Früchten und Sahne garnieren.

★ ★

2 Eier
120 g Zucker
120 g Mehl
1 Päckchen Backpulver
40 g Speisestärke
40 g Butter
Paniermehl
1/2 l Sahne
1 TL Puderzucker
Kandierte Früchte, gewürfelt
Schokoladenstreusel

SAHNETORTE

Eier und Zucker in einer Schüssel gründlich mit einem Holzlöffel verrühren. Mehl, Backpulver und Speisestärke vermischen und nach und nach unterrühren. Zuletzt die geschmolzene Butter einrühren. Eine runde Backform (etwa 20 cm Durchmesser) mit Butter einfetten und mit Paniermehl ausstreuen. Den Kuchenteig hineingeben und im heißen Ofen etwa 30 Minuten backen. Auf ein Tortengitter stürzen und auskühlen lassen. Einmal durchschneiden. In der Zwischenzeit die Sahne mit dem Puderzucker steif schlagen. Auf den unteren Boden eine dicke Schicht Sahne geben. Mit dem zweiten Boden bedecken. Restliche Sahne in einen Spritzbeutel füllen und die Oberfläche der Torte verzieren. Mit kandierten Fruchtstücken sowie Schokoladenstreuseln garnieren.

★ ★ ★

220 g Mehl
150 g Butter
80 g Zucker
2 Eier
Abgeriebene Schale
einer unbehandelten Zitrone
1 Prise Salz
Quittenkonfitüre
Puderzucker
1 Ei zum Einpinseln

QUITTENTÖRTCHEN

Mehl aufhäufen. In die Mitte die weiche Butter, den Zucker, die abgeriebene Zitronenschale und 1 Prise Salz geben. Von der Mitte aus zu einem glatten Teig verkneten. Zu einer Kugel formen, mit einem Tuch bedecken und 1 Stunde ruhen lassen. Teig 1/2 cm dick ausrollen und runde Törtchen von 7 cm Durchmesser ausstechen. In die Mitte eines jeden Törtchens 1/2 TL Quittenkonfitüre (oder eine andere Konfitüre) setzen. Den Rand der Törtchen mit verquirltem Ei bestreichen und die Törtchen schließen (eine Hälfte über die andere klappen und andrücken). Man kann auch 2 Törtchen übereinanderlegen und die Ränder andrücken. Törtchen mit verquirltem Ei bepinseln und auf ein Backblech geben. Im Ofen bei mittlerer Hitze etwa 15 Minuten backen. Vor dem Servieren kann man die Törtchen mit Puderzucker überstäuben.

Prinzessinnentorte*

* * *

200 ml Milch
300 g Puderzucker
6 Eier
200 g Blockschokolade
1 TL Kaffeepulver
300 g Butter
400 g gesüßtes und mit Vanille aromatisiertes Maronenpüree
100 g geriebene Mandeln
100 ml Rum
40 Löffelbiskuits
100 g gehackte Mandeln

Milch mit 200 g Zucker kochen. In eine feuerfeste Schale geben und mit 5 Eigelb verrühren. Creme unter Rühren und bei schwacher Hitze eindikken lassen. Im heißen Wasserbad Schokolade mit Kaffeepulver cremig rühren. 250 g Butter in kleinen Stücken zugeben. Unter die Eiermasse rühren, bis sie haselnußbraun und hart wird. Maronenpüree mit den geriebenen Mandeln vermischen. Eigelb und restliche Butter zugeben. 100 g Zucker in 2/3 Glas Wasser auflösen und 6 Minuten kochen. Rum zufügen und lauwarm werden lassen. Den Boden einer Charlotte-Form mit eingefettetem Pergamentpapier auslegen und die Wände der Form einfetten. Die Löffelbiskuits in den Rumsirup tauchen und die Form mit ihnen auslegen. Mit Schokoladenmischung bedecken und mit gehackten Mandeln bestreuen. Mit Löffelbiskuits bedecken. Maronenpüree daraufgeben und mit einer Schicht Löffelbiskuits abdekken. In den Kühlschrank stellen.

SACHERTORTE*

Schokolade auf dem Herd mit 2 EL Milch schmelzen. Eiweiß zu Schnee schlagen. Folgende Zutaten der Reihe nach vermischen: Zucker mit der Butter, Eigelb, geschmolzener Schokolade, Mandeln, Eischnee, Mehl, Vanille, Paniermehl. Teig in eine gefettete Tortenform geben und im vorgeheizten Ofen bei 200 Grad etwa 30 Minuten backen. Einige Stunden auskühlen lassen. Torte in 3 gleich dicke Böden schneiden. Untersten Boden mit einer Schicht Aprikosengelee bestreichen. Den zweiten Boden, mit Rum getränkt, daraufsetzen und ebenfalls mit Aprikosengelee bestreichen. Mit dem dritten Boden bedecken. Mit einem Messer mit breiter Klinge die Seiten und die Oberfläche der Torte mit Kuvertüre beziehen.

★ ★ ★ ★ ★ ★

150 g Schokolade
2 EL Milch
6 Eiweiß
250 g Zucker
150 g Butter
6 Eigelb
100 g Mandeln (abgezogen, geröstet und gemahlen)
120 g Mehl
Mark von 1 Vanilleschote
50 g feingemahlenes Paniermehl (oder grobgemahlene Kekse)
Aprikosengelee
1 Gläschen Rum
Schokoladenkuvertüre

Apfelpudding mit Calvados*

★ ★ ★

Für den Pudding:
1 kg Äpfel (Renetten)
250 g Zucker
100 g Butter
6 Eigelb
Abgeriebene Zitronenschale
1 l Milch

Für die Zabaione:
150 g Zucker
5 Eigelb
300 ml Calvados

Äpfel schälen und Kerngehäuse entfernen. Achteln und in einer Kasserolle mit 50 g Zucker und der Butter dünsten. In einer Pfanne 80 g Zucker mit wenig Wasser karamelisieren. Karamel in eine runde Form (5 cm hoch und 24 cm Durchmesser) gießen. In einer ofenfesten Form die Eigelb mit dem restlichen Zucker und der abgeriebenen Zitronenschale sorgfältig verrühren. Unter Rühren die kochende Milch einfließen lassen. Apfelstücke untermischen. Auf die erhärtete Karamelschicht geben. Im Wasserbad in den sehr heißen Ofen geben und 20 bis 30 Minuten stokken lassen. Das Wasser nicht zum Kochen kommen lassen. Für die Zabaione in einer Schüssel 150 g Zucker mit dem Eigelb zu einer schaumigen Creme verrühren. Im heißen Wasserbad schlagen und den Calvados nach und nach zugeben. Pudding abkühlen lassen und auf eine Platte stürzen. In Scheiben schneiden und mit der Zabaione übergießen.

HALBGEFRORENES MIT FRÜCHTEN*

Biskuitboden in eine Glasform (ca. 18 cm Durchmesser) geben. Mit einem Pinsel Boden mit Likör nach Belieben tränken (Kirschwasser, Maraschino, Curacao etc.). Eine etwa 1 cm dicke Schicht Vanillecreme daraufgeben. Mit pralinierten oder gerösteten getrockneten Früchten garnieren. Für mindestens 30 Minuten ins Eisfach geben. Auch Dessertteller und Kuchenbesteck, die für das Halbgefrorene benutzt werden sollen, ins Eisfach stellen. Mit Schlagsahne garnieren und sofort servieren.

★ ★

1 Biskuitboden, etwa 2 – 3 cm hoch, Durchmesser entsprechend der Auflaufform (etwa 18 cm)
Likör nach Belieben
Vanillecreme (siehe S. 40)
Getrocknete Früchte, geröstet oder mit Schokoladenüberzug
Schlagsahne

★ ★ ★ ★

120 g Butter
475 g Zucker
1 Ei
2 EL Weißwein
250 g Mehl
2 EL Backpulver
1 kg Rhabarber
1 TL Zimt
50 g gehackte Mandeln

Rhabarberkuchen

In einer Schüssel 100 g zimmerwarme Butter mit 75 g Zucker zu einer Creme verrühren. Ei und Wein unterrühren. Mehl mit Backpulver sieben und zu der Creme geben. Zu einem glatten Teig verkneten. Zu einer Kugel formen, abdecken und für 30 Minuten in den Kühlschrank geben. In der Zwischenzeit die Rhabarberstangen schälen und in Stücke teilen. Mit 400 g Zucker in eine Schüssel geben und 1 Stunde ziehen lassen. Den Teig etwa 1/2 cm dick ausrollen und auf den Boden einer eingefetteten Backform geben. Einen etwa 3 cm hohen Rand formen. Rhabarber abtropfen lassen und auf den Teig geben. Den Teigrand zu einem dickeren Wulst zusammenschieben. Den Kuchen für 40 Minuten in den vorgeheizten Ofen (200 Grad) geben. Abkühlen lassen. Mit Zimt überstäuben und mit den gehackten Mandeln verzieren.

★ ★ ★

Für den Teig:
150 ml Milch
150 ml Sahne
6 EL Orangenlikör
130 g Mehl
50 g Zucker
5 g feines Salz
3 Eigelb
1 Eiweiß
40 g Butter

Für die Orangencrêpes:
50 g Butter
120 g Zucker
1 TL abgeriebene unbehandelte Orangenschale
1 Gläschen Cognac
150 ml Orangensaft
Orangenscheiben ohne Schale

Crêpes mit Fruchtfüllung*

Milch, Sahne, Orangenlikör (oder Orangensaft) in ein Gefäß geben. Mehl hineinsieben, Zucker und Salz hineingeben und zu einem glatten Teig verrühren. Eigelb und Eiweiß verquirlen und untermischen. Abdecken und 1 Stunde ruhen lassen. Butter in warmem Wasserbad schmelzen und unter den Teig rühren. Die Crêpes backen: Eine Pfanne von mindestens 18 cm Durchmesser mit Butter oder Schmalz einfetten. So viel Teig hineingeben, daß der Boden bedeckt ist. Crêpes ab und zu schütteln, damit sie nicht festbacken. Crêpes wenden und von beiden Seiten goldgelb backen.
Für die Orangencrêpes: Butter, Zucker, geriebene Orangenschale und Cognac vermischen. Orangensaft zufügen und bei sehr niedriger Hitze langsam zu einer dickflüssigen Creme einkochen

lassen. Crêpes mit der Orangencreme bestreichen und einrollen. Auf eine Platte geben, mit der restlichen Orangencreme übergießen und mit Orangenscheiben garnieren.
Für die Rosinencrêpes: Butter und Zucker in einer Kasserolle schmelzen lassen. Die in Traubenlikör eingeweichten Rosinen untermischen. Zu einer dickflüssigen Creme einkochen lassen und vom Herd nehmen. Crêpes mit 1 EL dieser Creme füllen und einrollen. Auf eine Platte geben und mit der restlichen Creme garnieren.

Für die Rosinencrêpes:
50 g Butter
120 g Zucker
1 Gläschen Traubenlikör
150 g Rosinen

★ ★

60 g Butter
200 g Zucker
1 Dose Ananas in Scheiben
4 – 5 geschälte Walnüsse
50 g Mehl
1 TL Backpulver
3 Eier

Ananastorte

Die Butter in eine Tortenform geben und auf dem Herd zergehen lassen. 100 g Zucker zugeben und karamelisieren lassen. Vom Herd nehmen und abkühlen lassen. Die Ananasscheiben auf den Karamel geben und mit den Walnußhälften garnieren. Mehl, 100 g Zucker, Backpulver und die Eier in eine Schüssel geben und mit dem Schneebesen zu einem glatten Teig schlagen. Auf die Ananasscheiben geben. In den Ofen geben und bei schwacher Hitze circa 20 Minuten backen. Auf eine Tortenplatte stürzen.

★ ★ ★

1 l Milch
300 g Zucker
1 Vanillestange
500 g Milchreis
2 l Wasser
Schale einer unbehandelten Zitrone
100 g Butter
1/2 l Vanillecreme
1 Blatt Gelatine
250 g Obst in Sirup
8 EL Aprikosenkonfitüre
250 g Johannisbeergelee
1/2 l Schlagsahne

Kaiserin-Reis

Milch mit Zucker aufkochen lassen. Vom Herd nehmen und die Vanillestange hineingeben. Bedeckt ziehen lassen. Reis waschen und 3 Minuten in reichlich Salzwasser kochen. Abtropfen lassen, abschrecken, wieder abtropfen lassen und mit der Vanillemilch, der Zitronenschale, Butter und 1 Prise Salz in eine feuerfeste Form geben. Reis zum Kochen bringen, Form bedecken und für 25 bis 30 Minuten in den Ofen geben. In der Zwischenzeit die Vanillecreme zubereiten. Vor dem Kochen 1 Blatt in kaltem Wasser eingeweichte Gelatine unterrühren. Vanillecreme abkühlen lassen. Reis abkühlen lassen. Reis und Creme vorsichtig vermischen. Das Obst in Sirup kleinschneiden, Gelee und Konfitüre verrühren und alles mit der Reiscreme mischen. Die steifgeschlagene Sahne unterheben. Creme in eine eingefettete Form füllen. Vor dem Servieren einige Stunden in den Kühlschrank geben.

★

125 g Mehl
5 Eier
Zitronenschale

Biskuitrolle*

Pergamentpapier einfetten, mit Mehl bestäuben und ein Backblech damit auslegen. Eigelb und Eiweiß trennen. Zitronenschale abreiben. Eigelb mit Zucker kräftig schlagen. Etwas Zitronenschale untermischen. Eiweiß steif schlagen und unter die Eigelbmasse heben. Das Mehl unter Rühren langsam unterziehen. Den Teig etwa 5 mm dick auf das Backblech streichen. Im heißen Ofen etwa 10 Minuten backen. Biskuit auf ein eingefettetes und eingemehltes Stück Pergamentpapier geben. Mit Schokoladencreme oder steifgeschlagener Sahne bestreichen und einrollen. Mit Puderzucker überstäuben. Gekühlt servieren.

125 g Zucker
Nußgroßes Stück Butter
Schokoladencreme oder Sahne
Puderzucker

Schlagsahne

Die Schlagsahne spielt in der Feinbäckerei eine wichtige Rolle: Fast keine Torte, die nicht mit Sahne zubereitet oder wenigstens garniert wird. Die moderne Technik hat uns die Möglichkeit gegeben, sofort die gewünschte Menge Schlagsahne zur Verfügung zu haben: Die gekaufte flüssige Sahne können wir mit dem Elektroquirl in kürzester Zeit zu einem Berg Schlagsahne verarbeiten. Natürlich geht dies auch mit dem Schneebesen und per Hand.

MARONENTORTE

Die Sahne mit 3 bis 4 EL Puderzucker steif schlagen und in den kältesten Teil des Kühlschranks stellen. Einen Biskuitboden auf eine Tortenplatte geben. Mit einer Schicht Sahne und zerkleinerten Maronen bedecken. Den zweiten Boden daraufgeben und mit der Maronencreme sowie zerkrümelten Baisers bedecken. Oberen Boden daraufgeben. Die Torte mit Sahne einstreichen und mit den ganzen glasierten Maronen garnieren.

400 g Schlagsahne
Puderzucker
1 Biskuitboden (dreiteilig)
200 g zerkleinerte Maronen
200 g Maronencreme
6 kleine Baisers
6 ganze glasierte Maronen

★ ★

500 g Blätterteig
oder Mürbeteig aus:
300 g Mehl, 150 g Butter,
150 g Zucker, 2 Eigelb, 1 Ei
600 g Ricotta
300 g Puderzucker
1 Ei
3 Eigelb
1 – 2 TL abgeriebene Orangenschale
1/2 TL Zimt
Wahlweise: 50 g Rosinen, 50 g Pinienkerne, 30 g kandierte Früchte, feingehackt
Baisermasse aus 5 Eiweiß, steifgeschlagen mit 250 g Puderzucker

Ricotta-Torte*

Blätterteig (Seite 49) oder Mürbeteig (Seite 55) zubereiten.
Teig 3 bis 5 mm dick ausrollen und in eine eingefettete Tortenform von circa 26 cm Durchmesser geben. Boden und Wände der Form mit dem Teig auskleiden.
In einem großen Gefäß Ricotta, Zucker, Ei und Eigelb, Orangenschale und Zimt vermischen. Falls gewünscht, auch Rosinen, Pinienkerne und kandierte Früchte untermischen. Die Masse auf den Teig geben und glattstreichen. Im vorgeheizten Ofen (200 Grad) 30 Minuten backen. Etwa 5 bis 10 Minuten vor Ende der Garzeit Baisermasse in einen Spritzbeutel füllen und die Torte damit verzieren.

BAISER AUF EICREME*

★ ★

5 EL Milch
6 Eier
8 EL Zucker
Schale einer unbehandelten Zitrone
Puderzucker
Zitronensaft

Milch kochen und abkühlen lassen. Die 6 Eigelb mit dem Zucker vermischen. Unter Rühren die Milch und die abgeriebene Zitronenschale zugeben. Im heißen, aber nicht kochenden Wasserbad unter Rühren einkochen, bis die Creme am Löffel klebt. Vom Herd nehmen. Eiweiß mit Puderzukker und einigen Tropfen Zitronensaft zu sehr steifer Baisermasse schlagen. Masse in 6 Kegeln auf ein eingefettetes Backblech geben und bei mittlerer Hitze 5 bis 6 Minuten stocken lassen.
Creme in Dessertschüsselchen geben und mit einem Baiserkegel garnieren.

Pflaumencreme*

★

800 g Pflaumen
100 g Zucker
2 Gewürznelken
4 EL Honig
1 Messerspitze Zimt
1 Prise geriebene Muskatnuß
200 g Mandeln

Pflaumen entsteinen. Mit Zucker und Gewürznelken in einer Kasserolle bei niedriger Hitze köcheln. Durch ein Sieb streichen und mit Honig, Zimt und Muskatnuß vermischen. Mandeln 1 Minute in kochendes Wasser geben und Schale abziehen. Trocknen und sehr fein hacken. Eine Handvoll ganze Mandeln beiseite stellen. Gehackte Mandeln unter die Pflaumencreme mischen. In eine Schüssel füllen und mit den ganzen Mandeln garnieren.

Süsse Crêpes*

★

6 Eier
75 g Mehl
75 g Butter
Salz
1/2 l Milch
Schmalz
Puderzucker

Die Eier verquirlen. Mit Mehl, Butter und wenig Salz vermischen. Die kalte Milch einrühren. Masse durch ein Sieb streichen. Die Crêpes backen: In einer Crêpepfanne etwas Schmalz zergehen lassen. Sobald es heiß ist, 1 EL Crêpeteig hineingeben und gleichmäßig auf dem Boden der Pfanne verteilen. Goldgelb backen, dann Crêpe wenden. Herausnehmen, neues Schmalz in die Pfanne geben und nächsten Crêpe backen. Fertige Crêpes einrollen, auf einen Teller geben und mit Puderzucker überstäuben.

2 Eier, 1 Eigelb
150 g Zucker
200 g Mascarpone
1 Gläschen Rum oder Brandy
4 trockene Kekse

MASCARPONE-CREME

Mit einem Schneebesen 3 Eigelb und Zucker cremig aufschlagen. Mascarpone unterrühren. 2 Eiweiß zu Schnee schlagen. Eischnee und Rum oder Brandy untermischen. Gut verrühren und Masse in vier Tassen füllen. Für einige Stunden ins Eisfach stellen. Mit trockenen Keksen servieren.

★ ★ ★

1/2 l Eiweiß
400 g Zucker
100 g Speisestärke
200 g gemahlene Mandeln

Für die Creme:
1 l Milch
1 Zimtstange
Abgeriebene Schale einer unbehandelten Zitrone
300 g Zucker
50 g Mehl
4 Eigelb
1/4 l flüssige Sahne
4 Blatt Gelatine
Puderzucker

GLORIA-SCHNITTE*

Eiweiß zu sehr steifem Schnee schlagen. Zucker untermischen. Speisestärke und Mandeln untermischen. Backblech mit Pergamentpapier auslegen. Mit einem Spritzbeutel 2 flache Baiserplatten aufspritzen. Bei schwacher Hitze im Ofen backen. Für die Creme Milch mit Zimt und Zitronenschale kochen und auf Zimmertemperatur abkühlen lassen. In einer Kasserolle Zucker,

Mehl, Eigelb und Sahne gut verrühren. Die lauwarme Milch einrühren. Unter Rühren die Creme zum Kochen bringen. Vom Herd nehmen und die in kaltem Wasser eingeweichten Gelatineblätter unterziehen. Abkühlen lassen. Creme auf eine Baiserplatte streichen. Mit der anderen Baiserplatte bedecken und mit Puderzucker überstäuben.

EIERCREME MIT KARAMEL*

★

6 Eigelb
150 g Zucker
25 g Speisestärke
1 l Milch
1/3 Zimtstange
Schale einer unbehandelten Zitrone
Puderzucker

In einer feuerfesten Schüssel Eigelb mit Zucker verschlagen. Speisestärke in wenig Milch auflösen. Rest der Milch mit Zimtstange und Zitronenschale kochen. Milch durch ein Haarsieb auf die Eigelb geben. Aufgelöste Speisestärke zugeben und sehr gut verrühren. Feuerfeste Schüssel auf den Herd geben und Creme unter Rühren bei schwacher Hitze zum Kochen bringen. Vom Herd nehmen und durch ein Sieb streichen. In eine Servierschüssel geben. Abkühlen lassen. Mit Puderzucker überstäuben. Schüssel kurz in den Grill und Oberfläche goldgelb karamelisieren.

APFELKUCHEN*

★ ★ ★ ★

Für den Mürbeteig:
100 g Zucker
200 g Mehl
1/2 TL Salz
100 g Butter
2 Eigelb

Für die Apfelfüllung:
1 kg Äpfel
120 g Zucker
1/2 TL gemahlener Zimt
1 Prise Muskatnuß
2 EL Mehl
2 EL Orangensaft
1 dicke Zitronenscheibe

Zum Bestreichen des Kuchens:
1 – 2 verquirlte Eier

Fett zum Einfetten der Kuchenform
Mehl zum Bestäuben der Kuchenform

Zucker, Mehl und Salz in eine Schüssel geben. Butter in Stücken hinzugeben. 2 Eigelb oder 1 ganzes Ei beigeben. Zutaten möglichst schnell zu einem glatten Teig verarbeiten. Auf einem bemehlten Küchenbrett nicht zu dünn ausrollen. Während des Ausrollens Teig öfter anheben. Teig zweimal zusammenklappen und nochmals nicht zu dünn ausrollen. Vorgang wiederholen. Teig in Frischhaltefolie oder ein Tuch einwickeln und 30 Minuten ruhen lassen. Teig ausrollen und zu einem langen, flachen, aber einheitlich dicken Brot zusammenfalten. In 3 Teile teilen: zweimal 2/5, einmal 1/5. Einen der beiden größeren Teile 5 bis 8 mm dick ausrollen. Den anderen größeren Teil 5 mm dick ausrollen. Ersten ausgerollten Teig in eine eingefettete und eingemehlte Kuchenform geben. Restlichen Teig 5 mm ausrollen und mit einem gezahnten Rädchen in 1 cm breite Streifen schneiden. Äpfel vorbereiten und mit Zucker, Zimt, Muskatnuß, Mehl, Orangensaft und Zitronenscheibe unter Rühren zu Kompott einkochen. Zitronenscheibe entfernen. Kompott in die Kuchenform auf den Teig geben. Die Teigstreifen daraufgeben: die Hälfte der Streifen längs, die zweite Hälfte quer dazu. Teigstreifen mit verquirltem Ei bestreichen. Zweite Teigplatte in der Mitte mit einer Schale ausstechen. Teigrand auf die Teigstreifen geben. Aus der Teigmitte kleine Förmchen ausstechen und auf den Teigrand setzen. Mit verquirltem Ei bestreichen und im vorgeheizten Ofen (200 Grad) 40 bis 45 Minuten backen.

SO WIRD DER PLUM-CAKE ZUBEREITET

Plum-Cake*

In einer Schüssel die Butter cremig rühren. Puderzucker nach und nach unterarbeiten. Eiweiß sehr steif schlagen und vorsichtig unter die Buttermasse heben. Eigelb zugeben und vermischen. Mehl mit Backpulver und Salz sieben und unterarbeiten. Teig ruhen lassen. Rosinen für circa 30 Minuten in Rum legen. Rosinen und kandierte Früchte unter den Teig mischen. Eine Kastenform mit Pergamentpapier auslegen oder Boden und Seiten sorgfältig einfetten. Teig hineingeben und Oberfläche glattstreichen. Für mindestens 1 Stunde in den Ofen geben und bei 180 Grad bakken. Der Plum-Cake ist gar, wenn Sie ein Hölzchen in den Kuchen stechen und es beim Herausziehen trocken ist.

★ ★ ★

250 g Butter
250 g Puderzucker
4 Eiweiß
4 Eigelb
250 g Mehl
1 Päckchen Backpulver
1/2 TL Salz
250 g Rosinen
1 Gläschen Rum
100 g kandierte Früchte, feingewürfelt

Marzipankuchen

★ ★ ★ ★

200 g Mehl
100 g Butter
100 g Zucker
2 Eigelb
1 Prise Salz
Abgeriebene Schale einer unbehandelten Zitrone

Füllung:
200 g Mandeln
200 g Zucker
1/2 Glas Sahne
3 Eier
2 EL Orangenblütenwasser

Auf einem Küchenbrett Mehl aufhäufen. Butter, Zucker, Eigelb, Salz und abgeriebene Zitronenschale zufügen. Möglichst rasch verkneten und zu einer Kugel formen. Abdecken und mindestens 1 Stunde an einem kühlen Ort ruhen lassen. In der Zwischenzeit die Füllung zubereiten: Mandeln einige Minuten in kochendes Wasser legen. Abziehen, abtupfen und zum Trocknen in den Ofen geben. Mit 200 g Zucker in einem Mörser zu Mehl zerstoßen. In eine Terrine geben und mit der Sahne verrühren. Nacheinander 3 Eigelb zufügen und unterarbeiten. Mit 2 EL Orangenblütenwasser aromatisieren. Die 3 Eiweiß steif schlagen und unterheben. Den kühlgestellten Teig dünn ausrollen und in eine gefettete runde Kuchenform mit hohem Rand geben (Durchmesser ca. 26 cm). Mandelmasse daraufgeben und Oberfläche glattstreichen. Bei mittlerer Hitze etwa 1 Stunde im Ofen backen.

Kuchenbrot

★ ★

1 EL Pinienkerne
2 EL Sultaninen
250 g Mehl
1 Päckchen Backpulver
100 g Puderzucker
1 Päckchen Vanillinzucker
Salz
1/2 Glas Milch
80 g Butter
1 Ei
1 EL Zitronat
1 Eigelb

Pinienkerne grob hacken. Sultaninen 20 Minuten in warmes Wasser legen. Auf einem Küchenbrett Mehl, Backpulver, Puderzucker, Vanillinzucker und 1 Prise Salz vermischen. In die Mitte die in warmer Milch geschmolzene Butter und das Ei geben. Zu einem festen und glatten Teig verkneten. Pinienkerne, Zitronat und ausgedrückte Sultaninen unterkneten. Teig einige Minuten kneten und in zwei Hälften teilen. Jeder Hälfte eine ovale, 2 bis 3 cm dicke Brotform (oder eine andere Form) geben. Mit verquirltem Eigelb bepinseln und sofort in den Ofen geben. Bei 200 Grad etwa 20 bis 30 Minuten backen, bis die Brote goldgelb sind.

Rosinenbrot*

Mehl und Salz vermischen und aufhäufen. Hefe in die Mitte geben und in wenig warmer Milch auflösen. Restliche Zutaten zugeben und verkneten. Warme Milch nach Bedarf zugießen. Teig 15 bis 20 Minuten kneten. In ein eingemehltes Tuch hüllen und etwa 12 Stunden bei Zimmertemperatur aufgehen lassen. Der Teig muß sein Volumen verdoppeln. Teig zu einem runden Laib formen und auf ein gefettetes Blech geben. Oberfläche in der Form eines Dreiecks einschneiden. Im vorgeheizten Ofen (180 Grad) etwa 1 Stunde backen.

★ ★ ★

1 kg Mehl
1 EL Salz
50 g Hefe
1 Glas lauwarme Milch
200 g weiche Butter
150 g Rosinen, in 1 Gläschen Marsala eingelegt
250 g Zucker
50 g Pinienkerne
25 g grob gehackte Pistazien
25 g Zitronat
Fett für das Backblech

FEINER VANILLEKUCHEN*

★ ★ ★ ★ ★ ★ ★ ★ ★ ★ ★ ★ ★ ★

275 g Mehl
10 g Hefe
1 EL lauwarmes Wasser
80 g Zucker
2 Eier
3 Eigelb
180 g Butter
1 Messerspitze Naturvanille
1 Prise Salz
Puderzucker

Einen gehäuften EL Mehl in eine Tasse geben. Die zerbröckelte Hefe sowie 1 EL lauwarmes Wasser hinzufügen und einige Minuten zu einem Teig verkneten. Zu einer Kugel formen und etwa 20 Minuten gehen lassen. Der Teig sollte mindestens das Doppelte seines Volumens erreichen. In einer Schüssel 65 g Mehl, 1 gehäuften EL Zucker, 1 ganzes Ei, 1 Eigelb und 10 g geschmolzene Butter mit der aufgegangenen Hefe vermischen. Teig 4 bis 5 Minuten gründlich kneten. Schüssel bedecken und Teig etwa 1 Stunde bei Zimmertemperatur gehen lassen, bis er das Doppelte seines Volumens erreicht hat. In der Zwischenzeit 130 g Mehl, 2 EL Zucker, 20 g geschmolzene Butter, 1 ganzes Ei, 2 Eigelb, 1 Messerspitze Naturvanille und 1 Prise Salz auf einen Tisch geben und mit der aufgegangenen Hefe vermischen. Den Teig etwa 10 Minuten mit den Händen kräftig verkneten, bis er weich und elastisch ist. Restliches Mehl nach und nach unterkneten, bis der Teig weder an den Händen noch am Tisch klebt. Abschließend einige Minuten kräftig kneten: Teig mit der Handfläche eindrücken, zusammenrollen und kneten. Zu einer Kugel formen und in eine Schüssel legen, deren Boden leicht eingemehlt ist. Bedecken und etwa 3 Stunden aufgehen lassen. Teig auf den leicht eingemehlten Tisch geben. Durch kleine Schläge mit der Hand Luft herauspressen. Teig mit der Hand ausbreiten und mehrere Male zusammenschlagen. Mit dem Nudelholz zu einem Quadrat ausrollen. In die Mitte 150 g Butter in kleinen Stückchen geben. Die vier Ecken des Teigquadrates in die Mitte falten. Teig wieder ausrollen und auf ein Drittel zusammenfalten. Nochmals ausrollen und auf ein Drittel zusammenfalten, dann 20 Minuten ruhen lassen. Teig zweimal ausrollen und auf ein Drittel zusammenfalten. Weitere 20 Minuten ruhen lassen. Teig vorsichtig unter Beigabe von etwas Mehl aufrollen. In die eingefettete und mit Zukker ausgestreute Kuchenform geben. An einem warmen Ort aufgehen lassen, bis der Teig den

Vanillecreme

6 Eigelb
250 g Zucker
50 g Mehl
Salz
1 gestrichener TL Naturvanille
1/2 l Milch

In einer Kasserolle die Eigelb mit dem Zucker schaumig schlagen. Das Mehl nach und nach untermischen und mit 1 Prise Salz würzen. Kasserolle auf den Herd geben. Bei mittlerer Hitze unter ständigem Rühren die mit Vanille aufgekochte Milch zugeben. Rühren, bis die Mischung eindickt. Einige Minuten weiterkochen lassen. Vom Herd nehmen und Creme vor der Weiterverwendung abkühlen lassen.

Rand der Form erreicht hat. Bei mittlerer Hitze in den Ofen geben. Nach 15 Minuten die Hitze reduzieren, damit der Kuchen gart, ohne dunkel zu werden. Nach etwa 30 Minuten Kuchen mit einem Hölzchen einstechen. Ist es beim Herausziehen trokken, ist der Kuchen gar. Kuchen aus dem Ofen nehmen und auf einem Kuchengitter abkühlen lassen. Vor dem Servieren mit Puderzukker überstäuben.

APRIKOSENTORTE

★ ★

100 g Mehl
80 g Speisestärke
6 Eier
200 g Puderzucker
1 Päckchen Backpulver
1 Päckchen Vanillinzucker
1 Glas Aprikosenkonfitüre
8 – 10 Aprikosenhälften in Sirup
1 Glas Aprikosengelee
6 gehackte Mandeln

In einer Schüssel Mehl und Speisestärke vermischen. In einer anderen Schüssel Eigelb mit Zukker, Backpulver und Vanillinzucker verrühren. Eiweiß zu Schnee schlagen und mit der Eigelbmischung verrühren. Diese Masse nach und nach unter das Mehl mischen und verrühren. Teig in eine gefettete Tortenform geben und im vorgeheizten Ofen (200 Grad) backen. Tortenboden aus dem Ofen nehmen und abkühlen lassen. In drei gleich dicke Böden teilen. (Am besten geht es mit einem langen Fleischmesser.) Unteren Boden dünn mit Aprikosenkonfitüre bestreichen. Zweiten Boden daraufgeben und, falls gewünscht, ebenfalls mit Aprikosenkonfitüre bestreichen. Oberen Boden daraufgeben. Mit Aprikosenkonfitüre bestreichen und mit den abgetropften Aprikosenhälften garnieren. Mit einem Pinsel Oberfläche und Seiten mit dem Aprikosengelee bestreichen. Seiten mit gehackten Mandeln garnieren.

GRAND-MARNIER-SOUFFLÉ*

★ ★

50 g Butter
50 g Mehl
15 g Speisestärke
50 g Zucker
1 Päckchen Vanillinzucker
1/4 l Milch
5 Eier
2 Gläschen Grand Marnier
1 Löffelbiskuit

Butter in einer Kasserolle zergehen lassen. Vom Herd nehmen und Mehl und Speisestärke untermischen. Zucker und Vanillinzucker in die Milch geben. Milch erhitzen, bis der Zucker schmilzt. Heiße Milch auf die Mehlschwitze geben. Unter ständigem Rühren aufkochen. Vom Herd nehmen und abkühlen lassen. Die Eigelb einzeln unterrühren. 1 Gläschen Grand Marnier zugeben. Eiweiß zu festem Schnee schlagen und vorsichtig unterheben. Die Hälfte der Masse in eine gefettete Souffléform geben. Löffelbiskuit zerkrümeln und mit Grand Marnier tränken. Auf die Soufflémasse geben. Mit restlicher Soufflémasse auffüllen. Im mittelheißen Ofen etwa 20 Minuten backen.

Kirschkranz

★ ★

4 Eier
150 g Zucker
200 g Mehl
1 Päckchen Backpulver
1 nußgroßes Stück Butter
Vanillearoma
Cognac oder Likör nach Belieben
200 g entkernte Kirschen

Für die Creme:
4 Eigelb
120 g Zucker
50 g Mehl
Abgeriebene Schale einer unbehandelten Zitrone
1/2 l Milch

In einer Schüssel Eier mit Zucker schaumig schlagen. Mehl mit Backpulver durchsieben. Butter schmelzen. Mehl, Butter und Vanillearoma vorsichtig unter den Eierschaum mischen. Teig in eine gefettete und mit Zucker ausgestreute Tortenform geben. Im heißen Ofen etwa 30 Minuten backen. Tortenboden auf ein Kuchengitter stürzen und auskühlen lassen. Tortenboden einmal durchschneiden. Am oberen Boden einen Rand abtrennen, damit er etwas kleiner wird. Die Creme zubereiten: Eigelb mit Zucker verrühren. Unter Rühren Mehl zugeben. Die mit der Zitronenschale aufgekochte Milch nach und nach untermischen. Bei mittlerer Hitze die Creme eindikken. Vom Herd nehmen und abkühlen lassen. Den größeren Tortenboden auf eine Tortenplatte geben und mit Cognac oder Likör tränken. Mit einer Schicht dickflüssiger Creme bedecken. Den Rand mit Kirschen garnieren. Zweiten Boden ebenfalls tränken, mit der Creme bestreichen und auf den ersten Boden setzen.

KÜRBISTORTE

★ ★ ★ ★

800 g Kürbis
1/2 l Milch
30 g Zucker
5 nicht zu süße Mandelplätzchen
2 Eier
Butter
50 g Puderzucker
50 g Schokoladenraspeln (wahlweise)

Kürbis schälen, Kerne und Fasern entfernen. In Stückchen schneiden und mit der Milch und 1/2 l Wasser in eine Kasserolle geben. Etwa 20 Minuten kochen. Pürieren und unter Rühren einkochen, bis die Kürbismasse trocken ist. Vom Herd nehmen. Zucker, zerbröselte Mandelplätzchen, Eigelb und steifgeschlagenes Eiweiß untermischen. Auf dem Herd unter Rühren in etwa 10 Minuten zu einer weichen und glatten Masse kochen.
Eine Springform von 24 cm Durchmesser gut einfetten. Die Kürbismasse hineingeben und mit einer Gabel die Oberfläche kreisförmig verzieren. Im vorgeheizten Ofen (180 Grad) etwa 20 Minuten backen. Vor dem Servieren mit Puderzucker überstäuben und nach Belieben mit Schokoladenraspeln garnieren.

REISSPEISE MIT MARONEN

★ ★ ★

120 g trockene Maronen
3 Tassen Milch oder Wasser
Salz
200 g Reis
50 g Sultaninen
80 g Zucker
80 g Butter

Maronen in einer Schüssel mit warmem Wasser bedecken und mindestens 1 Nacht weichen lassen. Eventuelle Schalenreste entfernen und Maronen trocknen. In eine Kasserolle geben und mit Milch oder Wasser bedecken. Salzen und bei schwacher Hitze circa 30 Minuten kochen. Sobald die Maronen halbgar sind, den Reis, gewaschene Sultaninen und Zucker zugeben. Unter ständigem Rühren weitere 25 bis 30 Minuten kochen. Nach Ende der Kochzeit sollte alle Flüssigkeit verkocht sein, ohne daß der Reis ausgetrocknet ist. Mit der Butter verfeinern. Gut verrühren, in eine Schüssel geben und abkühlen lassen.

Feine Krapfen*

Eier verquirlen. Zucker zugeben und schaumig schlagen. Mehl, Öl, Brandy, Salz, Vanillinzucker und abgeriebene Zitronenschale zugeben. Kräftig zu einem glatten Teig verrühren. Öl in einer großen Pfanne (oder in einer Friteuse) erhitzen. Den Teig mit Hilfe eines Eßlöffels und eines Teelöffels in das heiße Öl gleiten lassen. Dabei den Krapfen eine Tropfenform geben. Da die Krapfen aufgehen, nicht zu viele auf einmal in die Pfanne geben. Auf Küchenpapier abtropfen lassen. Vor dem Servieren mit Puderzucker überstäuben.

★

2 Eier
3 EL Zucker
200 g Mehl
4 EL Olivenöl
3 TL Brandy
1 Prise Salz
1/2 TL Vanillinzucker
Abgeriebene Schale von 2 unbehandelten Zitronen
Öl zum Ausbacken
Puderzucker

Reiskuchen

★ ★

1/2 l Milch
1/4 l Wasser
200 g Reis
50 g Butter
100 g Zucker
1 unbehandelte Zitrone
2 Eier
20 g Butter
Paniermehl

Milch und Wasser zum Kochen bringen. Reis hineingeben und im offenen Topf bei schwacher Hitze kochen, bis der Reis die Flüssigkeit aufgesogen hat. Häufig rühren. Vom Herd nehmen und Butter, Zucker, abgeriebene Schale und Saft der Zitrone und die Eigelb untermischen. Eiweiß zu steifem Schnee schlagen und nach und nach unterheben. Flache Kuchenform einfetten und mit Paniermehl ausstreuen. Teig in die Form geben und im Ofen bei mittlerer Hitze goldgelb backen.

Zitronenkuchen mit Baiserkruste*

★ ★ ★ ★

Für den Mürbeteig:
200 g Mehl
100 g Butter
100 g Zucker
1 Ei
1/2 TL Salz

Für die Zitronencreme:
100 ml Zitronensaft
50 g Mehl
3 Eigelb
200 g Puderzucker
1 TL abgeriebene Zitronenschale
3 Eiweiß

Zum Bestreichen:
Pfirsichgelee

Für die Baiserkruste:
3 Eiweiß
75 g Puderzucker
15 – 20 Mandeln, abgezogen, geröstet und gehobelt

Mürbeteig wie auf Seite 55 beschrieben zubereiten. Eine flache runde Kuchenform einfetten. Mürbeteig ausrollen und in die Form geben.
Teigboden mehrmals mit einer Gabel einstechen. Rand gleichmäßig hochziehen. Boden mit Pergamentpapier auslegen und mit Erbsen oder Bohnen beschweren. Teig blindbacken. Papier und Hülsenfrüchte entfernen.
Mehl, Zucker, Eigelb, Zitronensaft und abgeriebene Zitronenschale im warmen Wasserbad 5 bis 10 Minuten verrühren und eindicken. Vom Herd nehmen. Eiweiß steif schlagen und unterheben. Masse auf den Mürbeteig geben. Oberfläche mit Pfirsichgelee bepinseln. Für das Baiser die Eiweiß steif schlagen und 75 g Zucker nach und nach untermischen (25 g Zucker pro Ei). Eischnee in einen Spritzbeutel füllen und mit einer wellenförmigen Tülle die Oberfläche des Kuchens mit diagonalen Streifen verzieren. Rand ebenfalls mit Eischnee garnieren und mit gehobelten und gerösteten Mandeln bestreuen. Im vorgeheizten Ofen (200 Grad) 5 bis 10 Minuten backen.

SO BEREITET MAN PFANNKUCHEN ZU

★

3 Eier
120 g Mehl
50 g Zucker
Salz
300 ml Milch
Butter zum Backen

Eier in einer Schüssel verquirlen. Mehl hineingeben und mit einem Schneebesen verrühren. Zukker und etwas Salz zugeben. Unter Rühren Milch zugeben und zu einem glatten Teig verarbeiten. In einer Pfanne ein nußgroßes Stück Butter zergehen lassen. Etwas Teig in die Pfanne geben und gleichmäßig verteilen.
Sobald der Pfannkuchen auf einer Seite goldgelb ist, umdrehen und von der anderen Seite backen. Mit dem restlichen Teig genauso verfahren. Fertige Pfannkuchen bis zur weiteren Verwendung warm stellen.

SO BEREITET MAN BLÄTTERTEIG ZU

Zwei Drittel des Mehls mit Wasser und etwas Salz verkneten. Teig 30 Minuten kalt stellen. In der Zwischenzeit restliches Mehl mit Butter verkneten. Kalt stellen. Mehl-Wasser-Teig rechteckig nicht zu dünn ausrollen und um den Mehl-Butter-Teig wickeln. Das Ganze sehr vorsichtig auf die doppelte Größe wie vorher ausrollen. Teig zusammenfalten und wieder ausrollen. Vorgang mindestens fünf- bis sechsmal wiederholen.

⋆

400 g Mehl
Wasser
Salz
400 g Butter

★ ★ ★ ★

Für den Teig:
150 g Mehl
1 Ei
20 g Zucker
Salz
30 g Butter

Für die Füllung:
30 g Sultaninen
30 g gehobelte Mandeln oder Pinienkerne
500 g Äpfel
2 EL Paniermehl
30 g Butter
Einige TL Konfitüre (wahlweise)
50 g Puderzucker

Für das Backblech:
20 g Butter

STRUDEL*

Auf ein Küchenbrett oder den Küchentisch Mehl aufhäufen. Ei, Zucker und Salz in wenig warmem Wasser auflösen und mit dem Mehl verkneten. So viel Wasser zugeben und unterkneten, bis der Teig weich und elastisch wird. Geschmolzene Butter zugeben und gut verkneten. Teig unter einer Schüssel an einem warmen Ort mindestens 30 Minuten ruhen lassen. In der Zwischenzeit Sultaninen einige Minuten in warmes Wasser legen. Mandeln kurz in heißes Wasser tauchen, schälen, trocknen und fein hobeln. Äpfel schälen, Kerngehäuse entfernen und in sehr dünne Scheiben schneiden. Paniermehl vorsichtig in Butter goldgelb rösten. Verbrannte Krümel entfernen.
Strudelteig auf ein leicht eingemehltes Küchentuch geben und mit einem eingemehlten Nudelholz zu einem sehr dünnen Quadrat ausrollen, das nicht reißen darf. Nach Geschmack mit Konfitüre bestreichen. Die restlichen Zutaten für die Füllung auf dem Teig verteilen. Die Ränder freihalten.
Den Strudel vorsichtig aufrollen. Dabei leicht das Handtuch anheben. Teig an beiden Enden des Strudels zusammendrücken, so daß nichts auslaufen kann. Backblech gut einfetten und den Strudel vom Handtuch vorsichtig auf das Blech rollen. In den Ofen schieben und bei 160 bis 180 Grad etwa 60 Minuten backen. Aus dem Ofen nehmen und mit Puderzucker überstäuben.

Schneller Kuchen

★ ★

5 Eigelb
150 g Zucker
Saft einer Zitrone
Vanillinzucker
120 g Kartoffelmehl
2 TL Backpulver
Sehr fester Eischnee aus 3 Eiweiß
Butter und Mehl für das Blech

Eigelb und Zucker in eine Schüssel geben. Im lauwarmen Wasserbad schaumig schlagen. Zitronensaft, dann etwas Vanillinzucker zugeben und unterrühren. Kartoffelmehl mit Backpulver mischen, zugeben und unterrühren. Den sehr festen Eischnee vorsichtig unterheben.
Kuchenteig in eine runde, gefettete und leicht eingemehlte Kuchenform von etwa 20 cm Durchmesser füllen. In den vorgeheizten Ofen geben und bei mittlerer Hitze eine gute halbe Stunde backen. Aus dem Ofen nehmen und abkühlen lassen.

Mandelkuchen

★ ★

150 g Mandeln
200 g Mehl
2 Eigelb
Salz
70 ml Sahne
120 g Butter
5 g frische Hefe
100 g Zucker
1 Ei

Mandeln kurz in kochendes Wasser geben und Schale abziehen. Trocknen. Mandeln in einem Mörser oder mit dem Mixer mit etwas Zucker zerstoßen. Mehl aufhäufen. Eigelb, etwas Salz, Sahne, weiche Butter und Hefe, in wenig warmem Wasser aufgelöst, in die Mitte geben. Zutaten verkneten. Teig auf den Tisch schlagen und kneten, bis er weich und elastisch ist. Den Zucker zufügen und unterkneten.
Teig zu einer Kugel formen und unter einer Schüssel gehen lassen. Teig 1/2 cm dick ausrollen. Eine Kuchenform von etwa 20 cm Durchmesser einfetten und mit Zucker ausstreuen. Den Boden der Form mit einer Schicht Teig auslegen.
Die zerstoßenen Mandeln daraufgeben. Restlichen Teig in Streifen schneiden. Teigstreifen auf die Mandeln legen, dabei untereinander verflechten. Mit verquirltem Ei bepinseln. In den vorgeheizten Ofen schieben und bei mittlerer Hitze etwa 35 Minuten backen, bis der Kuchen goldgelb ist.

HONIGGEBÄCK MIT KANDIERTEN FRÜCHTEN

* * *

500 g Mehl
8 Eier und 2 Eigelb
Salz
60 g Butter (oder 50 g Schmalz)
Abgeriebene Schale von 1/2 unbehandelten Zitrone
Abgeriebene Schale von 1/2 unbehandelten Orange
Öl zum Ausbacken
250 g Honig
50 g Zucker
100 g Orangeat
100 g Zitronat
50 g kandierte Früchte nach Wahl, feingewürfelt
50 g Zuckerperlen

Mehl, Eier, etwas Salz, Butter, abgeriebene Zitronen- und Orangenschale zu einem glatten Teig verkneten. In eine Schüssel geben, abdecken und etwa 1 Stunde ruhen lassen. Aus dem Teig fingerdicke Rollen formen und diese in 1 bis 2 cm lange Stücke schneiden. Öl erhitzen und wenige Teigstücke auf einmal ausbacken. Zum Abtropfen auf Küchenpapier geben. Honig mit Zucker und wenig Wasser in eine kleine Kasserolle geben. Erhitzen und kochen, bis sich der Schaum, der sich zunächst bildet, auflöst und der Sirup gelb und klar ist. Hitze reduzieren. Gebäck mit etwa der Hälfte der kandierten Früchte in den Sirup geben. Umrühren und sofort auf eine runde Platte gießen. Hände in kaltes Wasser tauchen und Gebäck sowie kandierte Früchte kuppelförmig auf der Platte zusammenschieben. Mit Zuckerperlen und den restlichen kandierten Früchten verzieren.

SÜSSE BREZELN

* *

2 Eier
1 EL Zucker
1 Päckchen Vanillinzucker
2 EL Likör (Chartreuse, Grand Marnier etc.)
Zimt
Mehl
Öl

Eier, Zucker, Vanillinzucker, Likör und etwas Zimt in einer Schüssel vermischen. Mehl zugeben, bis der Teig die Festigkeit eines Brotteiges hat. Teig auf dem Tisch gründlich durchkneten. Abdecken und etwa 30 Minuten ruhen lassen. Teig in dünne Rollen formen und zu Brezeln zusammenlegen. Öl in einer Pfanne erhitzen und Brezeln hineingeben. Nach der Hälfte der Backzeit Brezeln herausnehmen, mit einem scharfen Messer Oberfläche diagonal einschneiden und im heißen Öl goldbraun backen. Zum Abtropfen auf Küchenpapier geben.

So bereitet man Mürbeteig zu

Mehl mit Eiern, etwas Salz, abgeriebener Schale einer Zitrone und, je nach Rezept, mit Zucker (200 g) vermischen. Weiche Butter zum Schluß untergeben. Sobald alle Zutaten vermischt sind, den Mürbeteig nur wenige Minuten kneten. Mürbeteig ist ein eher fester Teig, dessen Konsistenz mit etwas Wasser oder Milch korrigiert werden kann. Teig zu einer Kugel formen, bedecken und an einem kühlen Ort (am besten im Kühlschrank) etwa 1 Stunde ruhen lassen.

★

400 g Mehl
4 Eier
Salz
1 unbehandelte Zitrone
300 g Butter
Wasser

Möhrenkuchen

★ ★ ★ ★

200 g junge Möhren
5 Eier
200 g Zucker
1 Päckchen Vanillinzucker
250 g gehackte geröstete Haselnüsse
50 g Orangeat
Rum
Paniermehl
1 Zitrone
1/2 EL Backpulver
Salz
Butter

Möhren schrappen und waschen. Fein reiben. Eigelb mit 4 EL heißem Wasser kräftig schlagen. Nach und nach 150 g Zucker sowie den Vanillinzucker zugeben und zu einer dicken Creme verrühren. Geriebene Möhren, gehackte geröstete Haselnüsse, Orangeat, 1 EL Rum, 4 EL Paniermehl, abgeriebene Schale einer Zitrone und Backpulver zugeben und verrühren. Eiweiß mit 1 Prise Salz und restlichem Zucker steif schlagen und vorsichtig unter den Möhrenteig heben. Eine Kuchenform (24 cm ∅) einfetten und mit etwas Paniermehl ausstreuen. Die Masse hineingeben und glattstreichen. In den vorgeheizten Ofen schieben und etwa 1 Stunde bei 180 Grad backen.

Brotkuchen

★ ★ ★

150 g altbackenes Brot
400 ml Milch
2 EL Zucker
50 g Sultaninen
2 Eier
Abgeriebene Schale von 1/2 unbehandelten Zitrone
1 EL Mehl
30 g Pinienkerne
20 g Butter

Brot zerbröckeln und in einer Schüssel mit lauwarmer Milch und Zucker bedecken. Das Brot soll ganz eingetaucht sein. 30 Minuten ziehen lassen. Sultaninen in heißes Wasser legen. Eingeweichtes Brot zu einem weichen Teig verrühren. Eier, abgeriebene Zitronenschale, Mehl, Sultaninen und Pinienkerne zugeben und verrühren. Eine runde Kuchenform einfetten und den Teig hineingeben. Oberfläche mit einem Löffel glattstreichen. Der Teig sollte etwa 3 cm hoch sein. Mit einigen Butterflöckchen besetzen und in den Ofen geben. Bei 180 Grad etwa 30 Minuten backen, bis die Oberfläche goldbraun ist. Diesen Kuchen kann man kalt oder warm servieren.

Maronenkuchen*

★ ★ ★

1 kg süßes Kastanienmehl
10 EL Öl
1/2 TL Salz
1 EL Zucker

In einem großen Gefäß Kastanienmehl, Öl, Salz, Zucker, 3/4 der Pinienkerne und 3/4 der Rosinen mit Wasser zu einem weichen, fast flüssigen Teig verrühren.

Eine große Kuchenform mit tiefem Rand mit Öl ausstreichen und den Teig hineingeben. Der Teig sollte nicht höher als 2 bis 2,5 cm sein.
Die Oberfläche des Kuchens mit Öl einpinseln. Mit restlichen Pinienkernen und Rosinen sowie mit Rosmarinnadeln belegen.
Ofen auf 200 Grad vorheizen und den Maronenkuchen etwa 1 Stunde backen.
Vor dem Servieren auf einen Tortenteller geben.

100 g Pinienkerne
100 g Rosinen
2 – 3 Gläser Wasser
1 Rosmarinzweig
Öl zum Bestreichen

Obstkuchen*

* * *

250 g Mehl
150 g Butter
80 g Zucker
1 Ei
Abgeriebene Schale einer unbehandelten Zitrone
Salz
1 Biskuitboden
Konfitüre zum Bestreichen
Früchte nach Wahl
Geröstete Haselnüsse

Mürbeteig zubereiten: Mehl auf ein Brett häufen. Mit weicher Butter, Zucker, dem Ei, abgeriebener Zitronenschale und 1 Prise Salz verkneten. Teig zu einer Kugel formen und auf dem Tisch etwa 1 Stunde ruhen lassen. Teig 1 cm dick ausrollen und in eine Springform geben. Boden und Seiten gut andrücken und mehrmals mit einer Gabel einstechen. Im heißen Ofen etwa 15 Minuten backen. Aus dem Ofen nehmen und abkühlen lassen. Biskuitboden ganz dünn schneiden, mit Konfitüre bestreichen und auf den Mürbeteigboden geben. Mit Früchten der Jahreszeit nach Belieben phantasievoll belegen. Zum Beispiel: Eine Ananasscheibe in die Mitte, mit entkernten Kirschen und Pfirsichschnitzen umlegen. Zum Abschluß ein Kranz Aprikosenhälften und geröstete Haselnüsse.

Walnusskuchen

* * *

250 g geschälte Walnüsse
Butter und Mehl für die Kuchenform
4 Eigelb
250 g Zucker
Abgeriebene Schale einer unbehandelten Zitrone
4 Eiweiß
Puderzucker

Walnüsse zu Pulver zerstoßen. Eine Tortenform mit hohem Rand (etwa 30 cm Durchmesser) mit Butter einstreichen und leicht mit Mehl ausstreuen. Eigelb schlagen, Zucker zugeben und schaumig rühren. Geriebene Zitronenschale untermischen. Eiweiß sehr steif schlagen und einige EL unter die Eigelbcreme mischen. Zerstoßene Walnüsse untermischen. Zuletzt restliches Eiweiß unterheben. Masse in die Tortenform geben und bei mittlerer Hitze in etwa 1 Stunde goldgelb backen. Abkühlen lassen und vor dem Servieren mit reichlich Puderzucker überstreuen.

★ ★

120 g Zucker
120 g Butter
120 g gemahlene Mandeln
Salz
250 g Mehl
2 Eigelb
60 g Blockschokolade
1 unbehandelte Orange
1 TL Zimt
1 EL Rum
500 g Himbeerkonfitüre

Himbeerkuchen

Zucker und zimmerwarme Butter in einer Schüssel verrühren. Gemahlene Mandeln, 1 Prise Salz, Mehl, Eigelb, geriebene Schokolade, Saft und abgeriebene Schale der Orange, Zimt und Rum zugeben. Vorsichtig vermischen.
Teig gründlich kneten. Eine Kugel formen, abdecken und 1 Stunde kalt stellen. 3/4 des Teiges ausrollen. Eine Kuchenform (24 cm Durchmesser) einfetten und mit Mehl ausstäuben. Teig hineingeben und einen Rand von ungefähr 2 cm Höhe formen. Den Boden 1 cm hoch mit Himbeerkonfitüre bestreichen. Restlichen Teig 1/2 cm dick ausrollen und in Streifen schneiden. Streifen gitterförmig auf die Konfitüre geben. Kuchen in den vorgeheizten Ofen schieben und bei 150 Grad 60 bis 70 Minuten backen.

★ ★ ★

250 g Mehl
1/2 TL Salz
1 EL Puderzucker
100 g Butter
Zitronensaft
1 Ei
Milch
1 kg Äpfel
50 g Mandeln
50 g Pinienkerne
50 g Rosinen
1 TL geriebene Orangenschale
5 g Zimt
100 g Puderzucker
100 g zerbröselte Kekse
2 EL Rum oder Marsala
2 EL Mehl
50 g geschmolzene Butter
1 EL Konfitüre (am besten Apfel)
1 Eigelb

Apfelrolle*

Mehl, Salz, Zucker, Butter, etwas Zitronensaft und das Ei verkneten. Bei Bedarf einige EL Milch zugeben. Teig abdecken und bei Zimmertemperatur 30 Minuten ruhen lassen. Äpfel schälen und Kerngehäuse entfernen. In hauchdünne Scheiben schneiden. Mit grobgehackten Mandeln, Pinienkernen, Rosinen, der geriebenen Orangenschale, Zimt, Puderzucker, zerbröselten Keksen sowie dem Rum vermischen. Teig auf ein eingemehltes Handtuch geben. Mit dem Nudelholz 3 bis 4 mm dünn ausrollen. Mit geschmolzener Butter bepinseln und mit Konfitüre bestreichen. Die Apfelfüllung auf die Hälfte des Teiges geben. Die andere Hälfte mit Hilfe des Tuches überschlagen. Enden andrücken. Ein Backblech einfetten und mit Mehl bestreuen. Die Apfelrolle mit Hilfe des Tuches auf das Blech gleiten lassen. Oberfläche mit verquirltem Eigelb und der restlichen geschmolzenen Butter bepinseln. In den Ofen schieben und bei 180 bis 190 Grad 40 bis 45 Minuten goldgelb backen.

Mandelmakronen

Mandeln im Mörser zerstoßen. Mit Zucker und der Hälfte des Puderzuckers vermischen. Naturvanille zugeben. Eischnee nach und nach unterziehen. Kleine Mengen auf die Backoblaten setzen und mit den Händen zu kleinen Rauten formen. Mit Puderzucker überstäuben. Über Nacht ruhen lassen. Im vorgeheizten Ofen bei niedriger Hitze (circa 160 Grad) etwa 20 Minuten trocknen. Abkühlen lassen und erneut mit Puderzucker überstäuben.

⋆

250 g abgezogene und im Ofen geröstete Mandeln
200 g Zucker
200 g Puderzucker
1 Messerspitze Naturvanille
Eischnee aus 2 Eiern
25 Backoblaten

Gefüllte Teigtaschen

★ ★

Für den Teig:
200 g Mehl
80 g Zucker
Salz
40 ml Wasser
80 g Schmalz

Zum Bestreichen des Teigs:
1 oder 2 Eigelb

Für die Füllung:
450 ml Wasser
150 g Grieß
Salz
150 g Ricotta (ersatzweise Quark)
165 g Zucker
1 Ei
100 g gemischte kandierte Früchte, feingewürfelt (Orangeat, Zitronat etc.)
Vanillearoma
Zimt
Puderzucker

Mehl auf einem Küchenbrett aufhäufen. Zucker zugeben und vermischen. Etwas Salz in kaltem Wasser auflösen. Das Salzwasser nach und nach unter das Mehl mischen. Schmalz in Flöckchen zugeben. Mit den Händen den Teig schnell kneten, ohne ihn zu reißen. Sobald er glatt ist, in eine Schüssel geben, zudecken und an einem kühlen Ort 30 Minuten ruhen lassen. In der Zwischenzeit in einer kleinen Kasserolle Wasser zum Kochen bringen. Grieß auf einmal hineingeben, salzen und unter ständigem kräftigem Rühren bei großer Hitze 5 Minuten kochen. Grieß auf eine feuchte Marmorplatte oder eine große Servierplatte geben, glattstreichen und auskühlen lassen. In einer Schüssel Ricotta mit Zucker, Ei, feingewürfelten kandierten Früchten, Vanillearoma, etwas Zimt sowie dem Grieß zu einer glatten Füllung verarbeiten. Ofen vorheizen. Teig in 12 gleich große Stücke teilen und 1/2 cm dicke Ovale formen. Füllung auf eine Hälfte geben und Teigovale schließen. Ränder gut andrücken. Mit einem Glas gefüllte Teigtasche rund ausstechen. Auf ein gefettetes Blech geben. Mit verquirltem Ei bestreichen und auf die oberste Schiene bei 200 Grad C in den Ofen geben. In etwa 15 Minuten goldgelb backen. Aus dem Ofen nehmen, mit Puderzucker überstäuben und warm oder kalt servieren.

Blitzkuchen*

★ ★

6 Äpfel
Saft einer Zitrone
170 g Zucker
90 g Butter
3 Eigelb
4 EL Zitronensaft
Abgeriebene Schale von 1/2 unbehandelten Zitrone

Äpfel waschen, schälen und Kerngehäuse ausstechen. Mit Zitronensaft beträufeln und mit 50 g Zucker bestreuen. Beiseite stellen. Zucker und Butter schaumig rühren. Unter Rühren 2 Eigelb, 4 EL Zitronensaft sowie abgeriebene Zitronenschale zugeben. Mehl und Backpulver vermischen. Zusammen mit Milch und Rum zugeben und verrühren. Eiweiß steif schlagen und vorsichtig unterheben. Teig in eine gefettete Form geben. Die Äpfel in den Teig drücken. Mit geschmolzener Butter und 1 Eigelb bestreichen. In den auf 160 Grad vorgeheizten Ofen geben und 35 bis 40 Minuten backen. Aus dem Ofen nehmen und mit Puderzucker überstreuen.

125 g Mehl
1/2 Päckchen Backpulver
1 Tasse Milch
3 EL Rum
3 Eiweiß
3 EL Puderzucker

Pinienbonbons

150 g Pinienkerne
350 g Zucker
1/2 Zitrone

Pinienkerne zum Trocknen einige Minuten in den heißen Ofen geben (Vorsicht, sie dürfen nicht braun werden). In einem Topf Zucker mit 150 ml Wasser zum Kochen bringen. Kochen, bis der Zucker Fäden zieht. Unter Rühren Pinienkerne und abgeriebene Zitronenschale zugeben. Masse gut vermischen und auf eine feuchte Marmorplatte oder eine Servierplatte gießen. Mit einem Messer Oberfläche glattstreichen. Bevor die Masse kalt ist, in Würfel schneiden. Wie Bonbons in buntes Papier einwickeln. Die Pinienbonbons können auch mit Schokolade zubereitet werden: Zitronenschale durch geriebene Bitterschokolade ersetzen.

Um die Festigkeit der Zuckermasse zu prüfen, läßt man von einem Holzstäbchen 1 Tropfen Zukkerwasser auf den Zeigefinger tropfen. Zwischen Zeigefinger und Daumen muß der Zucker Fäden ziehen. Dieses umbrische Weihnachtskonfekt läßt sich bis ins 15. Jahrhundert zurückverfolgen.

Früchtebrot

150 g Butter
250 g Puderzucker
2 Eier
2 Eigelb
200 g Mehl
150 g Speisestärke
1 Päckchen Backpulver
50 g Sultaninen
50 g Orangeat

Butter mit Puderzucker schaumig rühren. Eier und Eigelb einzeln nacheinander zugeben. Jedes Ei gut verrühren. Mehl, Speisestärke sowie Backpulver mischen und auf die Masse geben. Gewaschene und abgetrocknete Sultaninen und Orangeat zugeben. Teig gut verrühren. Eine Kastenform einfetten, mit Zucker und Paniermehl ausstreuen und den Teig hineingeben. Die Form sollte nicht mehr als 2/3 voll sein. Bei mittlerer Hitze circa 1 Stunde backen. Auf ein Kuchengitter stürzen und auskühlen lassen. Früchtebrot mit Puderzucker bestreuen und auf einer rechteckigen Servierplatte aufschneiden.

Blätterteigtorte*

In einer Kasserolle Eigelb und Zucker cremig rühren. Unter Rühren Marsala eßlöffelweise zugeben. Eiercreme im warmen, nicht kochenden Wasserbad schaumig rühren. Abkühlen lassen. Sahne steif schlagen und vorsichtig unterheben. Einen Blätterteigboden auf eine Tortenplatte geben. Mit der Eiercreme bestreichen. Die anderen Böden abwechselnd mit Eiercreme daraufgeben. Oberfläche mit restlicher Eiercreme bedecken. Mit zerbröselten Löffelbiskuits und gehackten Mandeln oder Haselnüssen bestreuen. Mit Puderzucker bestäuben. Mit steifgeschlagener Sahne und Belegkirschen oder gerösteten Mandeln oder Haselnüssen garnieren. Vor dem Servieren in den Kühlschrank geben.

★ ★

3 Eigelb
125 g Puderzucker
1 Gläschen trockener Marsala oder Sherry
300 ml frische Sahne
3 runde Blätterteigböden
2 zerbröselte Löffelbiskuits
120 g geröstete, feingehackte Mandeln oder Haselnüsse
Schlagsahne
Belegkirschen

So wird die Schokoladen-schaum-Torte zubereitet

SCHOKOLADENSCHAUM-TORTE*

Eier mit Zucker schlagen. Kakao in heißem Wasser auflösen. Butter im heißen Wasserbad schmelzen und nach und nach unter den Kakao mischen. Mehl nach und nach unter die Eiermasse geben und gut verrühren. Kakaomasse unterziehen. In eine gefettete und mit Mehl bestäubte Tortenform geben (circa 20 cm Durchmesser). In den vorgeheizten Ofen (180 Grad) schieben und 20 Minuten backen. Aus dem Ofen nehmen und, damit die Torte weich bleibt, sofort mit einem feuchten Tuch bedecken. Eiweiß steif schlagen. Heißen Zuckersirup vorsichtig unterziehen. Kaltrühren und die Schokoladen-Buttercreme unterziehen. Torte durchschneiden. Unteren Boden mit Kirschwasserguß bedecken (dazu Kirschwasser, Zucker und Wasser einkochen, bis der Zucker Fäden zieht) und etwa 5 mm hoch mit Schokoladenschaum bestreichen. Zweiten Boden daraufgeben und mit restlichem Schokoladenschaum bestreichen. Für etwa 20 Minuten in den Kühlschrank geben, bis der Schokoladenschaum fest wird. Mit Milch-Schokoladenraspeln garnieren.

* * *

3 Eier
100 g Zucker
30 g Kakao
3 EL heißes Wasser
40 g Butter
50 g Mehl
Butter und Mehl für die Form
3 Eiweiß
100 g Zuckersirup
200 g Schokoladen-Buttercreme
1 Gläschen Kirschwasser
1 Gläschen Zucker
1 Gläschen Wasser
Milch-Schokoladenraspel

ZITRONENKUCHEN*

★ ★

500 g Mürbeteig
3 Eier
150 g Zucker
3 unbehandelte Zitronen
150 g Butter

Mürbeteig zubereiten (siehe Rezept Seite 55). In einer Schüssel mit dem Schneebesen Eier und Zucker verrühren. Feingehackte Zitronenschale und Zitronensaft zugeben. Rühren, bis der Zukker geschmolzen ist. Geschmolzene Butter unterrühren. Mürbeteig in eine gefettete Kuchenform geben und mit der Zitronencreme bedecken. Bei mittlerer Hitze etwa 25 Minuten backen, bis der Kuchen innen gar und auf der Oberfläche goldgelb ist. Abkühlen lassen, mit einigen Zitronenscheiben garnieren und servieren.
Für eine Eierschaumkruste den fertigen Kuchen mit Eischnee aus 2 Eiweiß bedecken. Mit 75 g Puderzucker sowie Vanillinzucker überstäuben und im Ofen bei sehr niedriger Temperatur einige Minuten trocknen lassen.

Die Zitrone

Zitronen wachsen auf dornigen Bäumen, die zwischen 3 und 6 Meter hoch sind. Ihre duftenden Blüten sind innen weiß und außen purpurrot. Unter den Zitruspflanzen ist der Zitronenbaum der schönste. Er ähnelt dem Orangenbaum, hat blaßgrüne Blätter, gelbe Früchte und eine ganz besonders schöne Form.
Zitronensaft hat relativ wenig Aroma. Aroma und Geschmack stecken vor allem in der Schale, die Zitronenöl enthält. In der Küche gewinnt man es, indem man mit einer kleinen Reibe eine feine Masse abreibt. Man kann die Zitrone auch mit einem Stück Zucker abreiben. Wichtig ist, daß man von der darunterliegenden weißen Schicht nichts abträgt. Das Aroma der Zitronenschale ist eines der wichtigsten in der europäischen Küche. Kleine Mengen dienen zur Verfeinerung der verschiedensten Speisen: von der Torte bis zur Sauce. Die Qualität des Aromas ist abhängig von der Art der Zitrone, ihrer Frische sowie dem Reifegrad, mit dem sie gepflückt wurde.

PFLAUMEN-APRIKOSEN-KUCHEN

★ ★ ★ ★

300 g Mehl
200 g Butter
100 g Zucker
1 Ei
Abgeriebene Schale einer unbehandelten Zitrone
Salz
Himbeerkonfitüre
Löffelbiskuits
Pflaumen und Aprikosen

Mehl auf ein Küchenbrett häufen. Geschmolzene Butter, Zucker, Ei, abgeriebene Zitronenschale und 1 Prise Salz in die Mitte geben. Zutaten mit einer Gabel verrühren und mit dem Mehl vermischen. Teig schnell und nur kurz kneten, zu einer Kugel formen, mit einem Tuch bedecken und etwa 1 Stunde ruhen lassen. Teig 1/2 cm dick ausrollen.
Teig in eine Springform geben. Boden und Rand gut andrücken. Mit einer Gabel mehrmals einstechen. In den vorgeheizten Ofen (180 Grad) geben und circa 20 Minuten backen. Aus dem Ofen nehmen und zum Abkühlen auf einen Küchenrost geben. Kuchen aufschneiden. Abwechselnd eine Schicht mit Himbeerkonfitüre bestreichen und mit Löffelbiskuits belegen. Auf der obersten Schicht Pflaumen und Aprikosen phantasievoll anrichten. Kuchen auf eine Servierplatte geben.

HASELNUSSKUCHEN

★ ★

150 g Mehl
40 g Speisestärke
200 g Zucker
50 g geriebene Milchschokolade
150 g geröstete, feingehackte Haselnüsse
60 g Butter
4 Eier
40 g Sultaninen
Abgeriebene Zitronenschale
1 Glas warme Milch
1 Päckchen Backpulver
1 EL Aprikosenkonfitüre
150 g gehackte Mandeln

Mehl und Speisestärke in eine Schüssel geben. Mit Zucker, geriebener Milchschokolade und den feingehackten Haselnüssen vermischen. Weiche Butter zugeben. Unter Rühren die Eier einzeln zugeben. Eingeweichte Sultaninen, die abgeriebene Zitronenschale und das in 1 Glas warmer Milch aufgelöste Backpulver untermischen.
Zutaten gut verkneten. Eine Kuchenform (26 cm Durchmesser) einfetten und mit Mehl und Zucker ausstreuen. Teig hineingeben. Im vorgeheizten Ofen bei 200 Grad circa 30 Minuten backen. Aus dem Ofen nehmen und zum Abkühlen auf ein Kuchengitter geben.
Oberfläche mit Aprikosenkonfitüre bestreichen und mit gehackten Mandeln garnieren.

KÖNIGIN VON SABA*

Blockschokolade zerstückeln und im warmen Wasserbad mit 2 EL Wasser zergehen lassen. Vom Herd nehmen. Eigelb mit Zucker weiß und schaumig schlagen; unter die geschmolzene Schokolade mischen. 200 g Butter weich rühren und mit den gemahlenen Mandeln, Backpulver und Speisestärke verrühren. Mit der Schokoladenmasse mischen. 3 Eiweiß steif schlagen und unterheben. Kuchenform einfetten und mit Vanillinzucker ausstreuen. Teig hineinfüllen. Form nicht höher als 3/4 voll füllen. Ofen 20 Minuten auf 200 Grad vorheizen. Kuchen in den Ofen geben. In der Form auskühlen lassen. Kurz vor dem Servieren mit Schokolade überziehen: Schokolade mit 1 EL Wasser und der restlichen Butter im warmen Wasserbad zergehen lassen. Gut verrühren. Sobald die Schokolade dickflüssig ist, den Kuchen bestreichen. Kuchen mit aufgespritzter Schokoladen-Buttercreme garnieren.

★ ★

250 g Blockschokolade
6 Eier
100 g Zucker
250 g Butter
100 g gemahlene Mandeln
1/2 TL Backpulver
2 gestrichene EL Speisestärke
2 Päckchen Vanillinzucker
125 g Schokolade

Die vielseitige Schokolade

Mit dem Namen Schokolade wird eine Mischung aus Kakao und Zukker bezeichnet, der im Laufe der Verarbeitung oft noch Kakaobutter oder andere pflanzliche Fette, Milch, Aromastoffe usw. zugegeben werden. Je mehr Fett zugegeben wird, desto weicher wird die Schokolade. Reine Schokolade, die Blockschokolade, ist je nach zugegebener Zukkermenge süß bis bitter. In der Feinbäckerei wird neben der Blockschokolade noch ein anderer Typ verwendet, der sehr viel weicher ist. Der Vorteil dieser Schokolade ist ihre Dünnflüssigkeit, die durch einen hohen Prozentsatz an Fett erreicht wird. Sie ist die ideale Schokolade zum Bestreichen von Kuchen und Torten. Nachdem sie geschmolzen ist, läßt man sie in einer dünnen Schicht erhärten. Man kann nun leicht kleine Formen zur Verzierung ausstechen. Wird Schokolade direkt auf dem Herd geschmolzen, brennt sie leicht an. Es ist daher besser, sie in eine Schüssel zu geben und im warmen Wasserbad langsam schmelzen zu lassen.

Kirschkuchen

★ ★ ★ ★

300 g Mehl
150 g Puderzucker
Salz
80 g Butter
70 g frisches Schmalz
2 Eier
1 Zitrone
400 g Sauerkirschkonfitüre (oder Konfitüre aus Weichselkirschen)
1 Eigelb

Mehl auf einem Küchenbrett mit Puderzucker und 1 Prise Salz vermischen. Weiche Butter, weiches Schmalz, 2 Eier sowie Saft einer Zitrone zugeben und möglichst rasch unterkneten. Falls der Teig zu hart ist, so viel Milch zugeben, daß er weich und elastisch wird, aber noch mit den Händen geknetet werden kann. In eine Schüssel geben, abdecken und für 1 Stunde in den Kühlschrank stellen. Die Hälfte des Teigs auf die Größe einer Springform von 28 cm Durchmesser plus Rand ausrollen. Springform einfetten und leicht einmehlen. Teig hineingeben und einen Rand formen. Boden mit der Kirschkonfitüre bedecken und glattstreichen. Restlichen Teig ausrollen und mit einem gezahnten Nudelrädchen in fingerdikke Streifen schneiden. Mit den Teigstreifen ein dichtes Gitter auf der Konfitüre formen. Mit gut verquirltem Eigelb bestreichen. Kuchen in den vorgeheizten Ofen geben und bei etwa 180 Grad 45 Minuten backen. Die Kruste sollte goldgelb sein. Diesen Kuchen einen Tag im voraus backen.

Mandelgebäck aus Blätterteig

★ ★

2 Blätterteigböden
1 Ei
1/4 l Vanillecreme (Rezept Seite 40)
50 g geröstete gehackte Mandeln
50 g rohe gehackte Mandeln
Puderzucker

1 Blätterteigboden auf ein mit Backpapier ausgelegtes Blech geben. Boden in der Mitte mehrmals mit einer Gabel einstechen. Einen Rand von 1 cm nicht einstechen. Boden mit verquirltem Ei bestreichen. Vanillecreme dick auf den Boden streichen und mit den gerösteten gehackten Mandeln bestreuen. Den zweiten Blätterteigboden daraufsetzen. Rand festdrücken. Mit verquirltem Ei bestreichen und mit den rohen gehackten Mandeln bestreuen. Bei schwacher Hitze (circa 150 Grad) etwa 45 Minuten backen. Aus dem Ofen nehmen und mit Puderzucker überstäuben. Warm servieren.

Panforte*

Honig in einen Topf geben und erwärmen. Paniermehl, Mandeln (oder Walnüsse) und etwas Orangenaroma zugeben. Gut verrühren. Bei niedriger Hitze unter ständigem Rühren köcheln lassen. Vom Herd nehmen. Masse auf den Backoblaten verteilen: etwa 2 cm dick in der Mitte, zu den Seiten schräg abfallend. Teig mit einer zweiten Oblate bedecken. Die beiden Oblaten an den Rändern zusammendrücken. Abkühlen lassen, in Stücke schneiden und servieren.

★

500 g Honig
250 g Paniermehl
300 g Mandeln (oder Walnüsse)
Orangenaroma
8 große runde Backoblaten
(20 cm Durchmesser)

Honig

Honig ist die älteste süßende Substanz. Erst vor etwa 200 Jahren wurde raffinierter Zucker billig und allgemein gebräuchlich. Die Methoden zur Herstellung von Honig reichen von hochindustrialisierten Verarbeitungsmethoden bis zum Sammeln von wildem Honig in den Wäldern. In vielen ursprünglichen Kulturen werden Bienen in ausgehöhlten Baumstämmen gezüchtet. In einigen Gegenden, wie z.B. in den Wäldern Nordirans, müssen Bienenkörbe hoch in die Bäume gehängt werden, wo sie von Bären nicht mehr erreicht werden können. Normaler Honig enthält 38 % Fruchtzucker, 31 % Traubenzucker und 7 % Malzzucker. Diese Bestandteile können allerdings stark variieren. Je höher der Anteil an Traubenzucker ist, desto eher kristallisiert der Honig.

★ ★

6 Eiweiß
150 g Zucker
Gemahlener Zimt
1 l Milch
2 Kugeln Vanilleeis
1 Zimtstange
1 unbehandelte Zitrone
1 unbehandelte Orange
6 Eigelb
Schlagsahne

NONNENSEUFZER

Die Eiweiß mit 100 g Zucker und 1 Messerspitze Zimt steif schlagen. 1/2 l Milch mit den Vanilleeiskugeln zum Kochen bringen. Den Eischnee eßlöffelweise zugeben und hart werden lassen.
Die Nonnenseufzer aus der Milch nehmen und auf eine Servierplatte geben. Milch beiseite stellen. Den anderen 1/2 l Milch mit der Zimtstange, restlichem Zucker, Zitronen- und Orangenschale zum Kochen bringen. Eigelb unter die beiseite gestellte Milch mischen und diese auf die kochende Milch gießen.
Milch durch ein Sieb auf die Nonnenseufzer gießen. Abkühlen lassen und mit Zimt überstreuen. Mit steifgeschlagener Sahne garnieren und servieren.

★ ★

300 g Mürbeteig
(Rezept Seite 55)
100 g Butter
200 g Puderzucker
6 Äpfel
1 Ei

APFEL-KARAMELKUCHEN

Mürbeteig 2 Stunden vorher zubereiten oder tiefgefrorenen Mürbeteig kaufen. Eine schwere runde Form mit hohem Rand dick mit Butter einfetten. Auf den Boden der Form 1 cm hoch Zukker geben. Äpfel schälen, vierteln, Kerngehäuse entfernen und in Scheiben schneiden. Apfelscheiben eng nebeneinander auf den Zucker geben. Restliche Butter zergehen lassen und über die Äpfel gießen, die ganz dünn mit Zucker überstreut wurden. Mürbeteig ausrollen und auf die Äpfel geben. Einen Rand nach unten formen bis auf den Boden der Form. Mit verquirltem Ei bestreichen. Ofen 20 Minuten vorher auf 200 Grad vorheizen. Kuchen in den Ofen schieben und etwa 30 Minuten backen. Kuchen mit Alufolie bedecken. Aus dem Ofen nehmen und auf eine Servierplatte stürzen: Die Äpfel sind weich und saftig und mit einer dicken Schicht Karamel bedeckt.

Kirschboden*

2/3 des Mürbeteigs ausrollen. Für eine Form von 26 cm Durchmesser den Teig etwa 32 cm ausrollen. In einer Schüssel Zucker, Speisestärke, Vanillinzucker und Mandelaroma vermischen. Die Kirschen zufügen und gut verrühren. Teig in die Form geben und mit der Kirschmischung bedekken. Ofen auf 200 Grad vorheizen. Restlichen Teig ausrollen und in 1 cm breite Streifen schneiden. Streifen gitterförmig auf die Kirschen legen. Restliche Streifen als Rand auf die Kirschen geben. Teigstreifen mit verquirltem Ei bestreichen und 40 bis 45 Minuten backen.

*

300 g Mürbeteig
(Rezept Seite 55)
200 g Zucker
1 EL Speisestärke
1 Päckchen Vanillinzucker
1/4 TL Mandelaroma
750 g entkernte Kirschen
1 verquirltes Ei

Gefüllter Mandelkuchen

★ ★

Für den Teig:
125 g Butter
70 g Zucker
Salz
1 Ei
250 g Mehl

Für die Füllung:
3 Eier
150 g Zucker
2 Zitronen
150 g Butter
100 g gemahlene Mandeln

Butter mit dem Zucker und 1 Prise Salz cremig rühren. Das Ei zugeben und verrühren. Das gesiebte Mehl zugeben und rasch vermischen. Teig zu einem Brotlaib formen, vierteln, die Stücke aufeinanderlegen und zusammendrücken. Diesen Vorgang dreimal wiederholen. Teig 1 Stunde an einem kühlen Ort ruhen lassen. Teig 1/2 cm dick ausrollen und in eine gefettete Springform geben. In der Zwischenzeit die Füllung zubereiten: Mit einem Schneebesen Eier mit Zucker, der abgeriebenen Schale zweier Zitronen und dem Saft 1/2 Zitrone verrühren, bis der Zucker geschmolzen ist. Die flüssige, lauwarme Butter und die gemahlenen Mandeln zugeben.
Die Füllung auf den Teig gießen, die Oberfläche glattstreichen und in den vorgeheizten Ofen (180 Grad) geben. Etwa 30 Minuten backen. Die Creme darf nicht zu schnell dunkel werden.

Bauernkranz

★ ★ ★ ★

300 g Butter
300 g Zucker
10 g Salz
4 Eier
Abgeriebene Schale einer Zitrone
Vanillearoma
1 Glas Milch
2 Päckchen Backpulver
1 kg Mehl

In einer Schüssel die weiche Butter mit Zucker und Salz verrühren. Die Eier einzeln zugeben und verrühren. Abgeriebene Zitronenschale, Vanillearoma und in der Milch aufgelöstes Backpulver untermischen. Zutaten gut vermischen und auf das auf einem Küchenbrett aufgehäufte Mehl geben. Verkneten und zu einer Kugel formen. 30 Minuten ruhen lassen.
Teig zu einer langen Rolle formen und zu einem Kranz zusammenlegen. Auf ein eingemehltes Backblech legen. Die Anschlußenden gut zusammendrücken, damit sich der Kranz nicht öffnet. Bei mäßiger Hitze in den Ofen geben und circa 40 Minuten backen. Vor dem Aufschneiden abkühlen lassen.

Schokoladentorte*

Butter mit Zucker und Eigelb schaumig rühren. Mandelmehl, Schokolade, Mehl und Rum untermischen. Eiweiß steif schlagen und unterziehen. Eine Springform einfetten und den Teig hineingeben. In den vorgeheizten Ofen (200 Grad) geben und 45 Minuten backen. Kuchen aus dem Ofen nehmen, Rand der Form öffnen und Kuchen abkühlen lassen. Entweder Kuchen aushöhlen (dabei einen Boden und einen Rand von nicht mehr als 2 cm lassen) oder in 2 bzw. 3 Schichten schneiden. In diesem Fall die glatte Oberfläche abschneiden. Den herausgenommenen Kuchenteig zerbröseln und zum Rösten für 5 bis 10 Minuten in den Ofen geben. Kuchenbrösel mit geriebener Schokolade vermischen. Sahne mit Vanillinzukker steif schlagen und unterheben. Kuchen mit dieser Masse füllen und bestreichen. Oder die einzelnen Böden mit der Masse bedecken und die Seiten und Oberfläche bestreichen. Für 1 Stunde in den Kühlschrank geben.

★ ★ ★ ★ ★

80 g Butter
150 g Zucker
8 Eigelb
180 g Mandelmehl
320 g geriebene Schokolade
75 g Mehl
3 EL Rum
8 Eiweiß
Butter oder Margarine für die Kuchenform
1/2 l Sahne
2 Päckchen Vanillinzucker

REZEPTVERZEICHNIS